DAS BIKINI BOOTCAMP

WWW.DAS-BIKINI-BOOTCAMP.DE

REZEPTBUCH
MIT UND OHNE THERMOMIX®

63 NEUE REZEPTE IN 2 VARIANTEN

riva

SILKE KAYADELEN
Die Abnehmexpertin und Trainerin,
bekannt aus *The Biggest Loser*
MIT HEINER ROMBERG

DAS BIKINI BOOTCAMP

REZEPTBUCH MIT UND OHNE THERMOMIX®

63 NEUE REZEPTE IN 2 VARIANTEN

riva

Bibliografische Information der Deutschen Nationalbibliothek:
Die Deutsche Nationalbibliothek verzeichnet diese Publikation in der Deutschen Nationalbibliografie.
Detaillierte bibliografische Daten sind im Internet über http://d-nb.de abrufbar.

Wichtiger Hinweis
Sämtliche Inhalte dieses Buchs wurden – auf Basis von Quellen, die die Autoren und der Verlag für vertrauenswürdig erachten – nach bestem Wissen und Gewissen recherchiert und sorgfältig geprüft. Trotzdem stellt dieses Buch keinen Ersatz für eine individuelle Ernährungsberatung und medizinische Beratung dar. Wenn Sie medizinischen Rat einholen wollen, konsultieren Sie bitte einen qualifizierten Arzt. Der Verlag und die Autoren haften für keine nachteiligen Auswirkungen, die in einem direkten oder indirekten Zusammenhang mit den Informationen stehen, die in diesem Buch enthalten sind.
Alle Rezepte in diesem Buch wurden für den Thermomix® TM5 entwickelt und mit diesem getestet. Bitte beachten Sie: Der Mixtopf des Thermomix® TM5 ist größer als der des TM31 (Kapazität von 2,2 Litern anstatt 2,0 Liter beim TM31). Daher dürfen aus Sicherheitsgründen die Rezepte aus diesem Buch nur dann mit dem TM31 nachgekocht werden, wenn die Mengen angepasst wurden. Achten Sie auf die Füllstandsmarkierungen und überschreiten Sie die maximale Füllmenge nicht. Der Verlag und die Autorin haften für keine nachteiligen Auswirkungen, die in einem direkten oder indirekten Zusammenhang mit den Informationen stehen, die in diesem Buch enthalten sind. Thermomix® ist ein eingetragenes Warenzeichen der Vorwerk & Co. KG. Diese Publikation ist kein offizielles Lizenzprodukt der Vorwerk & Co. KG.

Für Fragen und Anregungen:
info@rivaverlag.de

Originalausgabe
1. Auflage 2018

Nymphenburger Straße 86
D-80636 München
Tel.: 089 651285-0
Fax: 089 652096

Lektorat: Annika Genning, Text-Genuss
Umschlaggestaltung, Layout und Satz: Christoph Dirkes · mediathletic bild + design · www.mediathletic.com
Umschlagabbildungen: Vorderseite: Silvio de Negri, © iStock/iko636, © shutterstock/Tatiana Vorona;
Rückseite: © Fotolia/Printemps, © shutterstock/Lesya Dolyuk, © shutterstock/vkuslandia, © iStock/NSphotostudio, © iStock/VeselovaElena, © shutterstock/Ruslan Mitin
Bildbearbeitung: Yorck Schultz · mediathletic bild + design · www.mediathletic.com
Druck: Florjancic Tisk d.o.o., Slowenien
Printed in the EU

ISBN Print 978-3-7423-0497-1
ISBN E-Book (PDF) 978-3-7453-0019-2
ISBN E-Book (EPUB, Mobi) 978-3-7453-0020-8

Weitere Informationen zum Verlag finden Sie unter
www.rivaverlag.de
Beachten Sie auch unsere weiteren Verlage unter www.m-vg.de

FÜR DICH!

**VON HEINER UND SILKE –
DEINEN ABNEHMCOACHES**

INHALT

EINLEITUNG

ERST "NEE, WIRKLICH NICHT", DANN "JA, ICH WILL!" – **LIEBE AUF DEN ERSTEN BLICK?!**

Sehr gut erinnere ich mich noch an meine frühere Einstellung zum Thermomix®, der „Küchenmaschine de luxe". Das Gerät wird geliebt oder gehasst, und das jeweils mit ganzer Leidenschaft. Und ich für meinen Teil hasste dieses Gerät bzw. war endlos genervt von jeder neuen ach so begeisterten Thermomix®-Besitzerin. Auch meine Freundin schwärmte von ihrem Thermomix®, und ich dachte nur, „oh Gott, jetzt ist sie auch eine von ‚denen'".

Natürlich störte mich schon der Preis von gut über 1300 Euro (für ein Küchengerät! Da fährt man doch lieber in den Urlaub, oder?), doch eigentlich ging es mir mehr ums Prinzip:

WEIL AUF EINMAL "ALLE" EINEN HABEN UND SO BEGEISTERT SIND, MUSS ICH AUCH EINEN KAUFEN?!

Plötzlich kann mit dem Gerät also jeder kochen, und das so ganz nebenbei, während „Frau" z. B. duschen geht oder andere tolle Sachen macht. Ich hatte gegen alle Argumente ein Gegenargument und war fest davon überzeugt, auch in ferner Zukunft keinen „Wunderkocher" zu besitzen. Warum wird nur so für ein Gerät geschwärmt, welches für viel Geld Smoothies, Suppen und Salate macht? Ich dachte mir immer, meine Smoothies kann ich wunderbar mit meinem Küchenmixer machen und Suppen lassen sich doch mit dem Pürierstab schön fein pürieren.

Dann kam der Tag, an dem einfach alles anders wurde. Heiner und ich waren zum Essen bei Freunden eingeladen. Es war ein toller Abend und das Essen war grandios. Doch dann gab es den Nachtisch. Es gab Zabaione; eigentlich wollte ich kein Dessert und Zabaione ist nicht meine Lieblingswahl. Es ist allerdings Heiners Lieblingsdessert: Jeder Abend bei unserem Lieblingsitaliener endet bei Heiner mit einer Zabaione.

Die Frauen gingen also in die Küche, und ich schaute mir an, wie im Thermomix® die Zabaione entstand. Wumms, ich war gefangen, gefangen in der Welt des Thermomix®. Ich war begeistert, wie einfach es war und wie gut es geschmeckt hat. Wir saßen kaum im Auto, da waren meine ersten Worte zu Heiner: „Ich möchte einen haben."

Seitdem habe ich einen und es ist einfach nur genial.

Warum? Nun, kurz gesagt, mit dem Thermomix® koche ich wieder Sachen, die ich seit Langem nicht mehr gekocht habe, weil sie mir zu aufwändig waren. Sie gelingen meistens, es macht weniger Arbeit und schmeckt immer.

Überrascht war ich auch davon, wie einfach unsere ersten BBC(Bikini-Bootcamp)-Rezepte mit dem Thermomix® herzustellen waren, und da entstand die Idee zu diesem neuen Buch.

ÜBRIGENS: UNSER THERMOMIX® HAT JETZT EINEN NAMEN: UNSERE "USCHI"

Heiner und ich möchten uns an dieser Stelle auch noch mal sehr herzlich bei einer Freundin für ihre Hilfe zu diesem Buch bedanken: meine liebe Silke Wagner, die von Anfang an eine bekennende BBClerin ist. Sie hat uns sehr bei diesem Rezeptbuch geholfen. Ihr Feedback, ihre Ideen, ihre Leidenschaft zum Kochen und zu unserem Programm sowie ihre positive Art sind auch in dieses Buch eingeflossen.

Danke,

deine Silke und dein Heiner

DAS BIKINI-BOOTCAMP (BBC) – SEINE AUTOREN UND MACHER

Silke Kayadelen studierte Sport und Biologie. Im Jahr 1988 nahm sie als aktive Taekwondo-Kämpferin an den Weltmeisterschaften in Seoul teil. Zudem war sie mehrfach nationale und internationale Meisterin in dieser Sportart. Nach Beendigung ihrer sportlichen Laufbahn wandte sie sich der Arbeit mit übergewichtigen Menschen zu. In dieser Funktion war sie im Fernsehen in mehreren Abnehmformaten wie „Secret Eaters“, „The Biggest Loser“ u. a. als Coach und Trainerin zu sehen. Silke betreibt in Velbert ihr eigenes Fitness- und Gesundheitszentrum.

Dr. Heiner Romberg studierte Pharmazie und Medizin und arbeitete 35 Jahre als Allgemeinmediziner in eigener Praxis mit den Schwerpunkten Ernährungs- und Sportmedizin. Er ist ehemaliger deutscher Meister im Zehnkampf und gehörte der deutschen Zehnkampf-Nationalmannschaft an. Zudem war er erfolgreicher Kugelstoßer und ist in seiner Altersklasse einer der weltbesten Athleten. Seit mehreren Jahren bildet er mit Silke nicht nur privat, sondern auch beruflich ein kongeniales Paar.

BIKINI-BOOTCAMP – EIN KURZER ÜBERBLICK

All jenen, die unser erstes Buch *Das Bikini-Bootcamp* nicht gelesen haben, stellen wir hier kurz unsere Methode und die wichtigsten Inhalte vor.

In unserem Intensivprogramm, also dem Bikini-Bootcamp (BBC), stellst du dein Ernährungsverhalten erst mal für genau 21 Tage komplett um. Dazu kommen tägliche Sporteinheiten. Das Ganze kann bei Bedarf mehrfach wiederholt werden.

Am Anfang steht ein ***Bodycheck***, bei dem du deine Größe und dein Gewicht schriftlich und auch in Bildern festhältst. Mit einem ***Fitnesstest*** dokumentierst du Deine momentane Leistungsfähigkeit. Diesen Test, ebenso wie den Bodycheck, wirst du am Ende des Camps wiederholen, um Deine Fortschritte zu erkennen.

Bevor es dann losgeht, ist dem Camp ein ***Cleaning Day*** (siehe Seite 26) vorgeschaltet, der dich und dein Verdauungssystem auf die nächsten Tage vorbereitet. Und dann fällt der Startschuss!

Jeder Tag ist von uns durchstrukturiert. Täglich sind drei Mahlzeiten eingeplant. Diese werden bewusst nicht in „morgens“, „mittags“ und „abends“ aufgeteilt (außer am Cleaning Day). Wir bezeichnen sie lediglich als Mahlzeit 1, Mahlzeit 2 und Mahlzeit 3. Denn wir wollen niemandem vorschreiben, zu welcher Tageszeit welche Mahlzeit zu wählen ist. Sie sind also frei austauschbar. Aber wir empfehlen mit der Benennung als Mahlzeit 1, 2 und 3 eine bestimmte Reihenfolge: Mahlzeit 1 ist ein typisches Frühstück (zum Beispiel ein Smoothie oder ein Müsli) und Mahlzeit 3 enthält in der Regel weniger Kohlenhydrate als Mahlzeit 2 und ist daher besonders gut als Abendessen geeignet.

Bikini-Bootcamp – Ein kurzer Überblick

Ernährung

Bei unserer Ernährungsweise handelt es sich um eine gesunde Mischkost. Es gibt keine Verbote, nur auf Zucker, Süßspeisen und Alkohol wirst du im Camp verzichten. Für den kleinen Hunger zwischendurch gilt: „Gemüse – all you can eat!" Darüber hinaus sind drei Stück Obst täglich erlaubt. Als Snack für unterwegs nimm dir am besten immer eine Portion Mandeln mit. Mit der BBC-Ernährung nimmst du täglich ca. 1250 kcal zu dir. Muss eine Mahlzeit einmal ausfallen, so kannst du auf unseren Bikini-Bootcamp-Shake (siehe Seite 80) zurückgreifen, den wir extra für solche Fälle entwickelt haben.

Sport

Körperlich wirst du fit mit HIIT, das ist hochintensives Intervalltraining. Täglich zwei HIIT-Einheiten sowie eine Krafteinheit warten auf dich. Unserem ersten Buch *Das Bikini-Bootcamp* liegt eine DVD bei, zudem ist eine weitere DVD mit etwas anspruchsvolleren Übungen erschienen. Der Zeitaufwand für unser Intensivprogramm beträgt etwa 60–75 Min. pro Tag (es ist halt ein Bootcamp). In diesem Buch konzentrieren wir uns allerdings auf neue Rezepte, die am besten mit dem Thermomix® zubereitet werden.

Teatime

So nennen wir unsere kurze Besinnungspause am Tag, die nur dir gehört. Dann heißt es: Füße hochlegen und bei einer Tasse Tee entspannen.

Best of Ausreden

Wer kennt sie nicht, die Ausreden. Wir geben Tipps, wie man ihnen entgegentritt.

Motivationssprüche

Beginne morgens mit einem Gedanken, der dich leicht durch den Tag trägt.

Special Task

Das sind kleine Extraaufgaben, die nicht alltäglich sind. ***Challenges*** gibt es am Tag 3, 10 und 17 in Form einer besonderen sportlichen Herausforderung. Und schließlich sind die Tage 7, 14 und 21 ***Wiegetage***.

Das sind also die Bausteine unseres Konzeptes. Weitere grundlegende Informationen findest du in *Das Bikini-Bootcamp*. Und in *Das Bikini-Bootcamp – Rezeptbuch* finden sich noch mehr Rezepte.

BIKINI-BOOTCAMP –

DAS ONLINEPROGRAMM

Im Herbst 2017 haben wir etwas umgesetzt, auf das wir besonders stolz sind. Seitdem gibt es das BBC auch als Onlineprogramm. Du musst dir das Onlineprogramm wie einen digitalen BBC-Tageskalender vorstellen. Für jeden der 21 Tage sind dort die bebilderten Kraftübungen mit einer Schritt-für-Schritt-Erklärung sowie den dazugehörigen Workout-Videos hinterlegt.

Der Clou dabei ist: Du meldest dich nur einmal an und hast anschließend für immer Zugriff auf die Inhalte. Wann du willst und wo du willst. Mit all deinen digitalen Endgeräten, also zum Beispiel deinem Smartphone oder deinem Tablet. Stell dir vor, du bist für ein paar Tage auf Reisen und übernachtest in einem Hotel, willst aber nicht auf dein BBC-Programm verzichten. Anstatt das Buch und die DVD einzupacken, kannst du in deinem Hotelzimmer einfach dein Tablet aufstellen und die Übungen nachmachen.

Das BBC-Onlineprogramm findest du auf unserer Website:
www.das-bikini-bootcamp.de/challenge

DER BIKINI-BOOTCAMP-SHAKE

Immer wieder, wenn wir uns mit BBClern unterhalten, hören wir den Satz: „Es fehlt einfach die Zeit!" Viele Frauen haben nicht die Zeit, sich in Ruhe eine BBC-konforme Mahlzeit zuzubereiten. Sei es, weil sie beruflich sehr eingespannt sind oder sich um ihre Familie kümmern müssen.

Genau für dieses Problem haben wir unseren Bikini-Bootcamp-Shake entwickelt.

Er ist schnell und einfach zubereitet. Du gibst zu 350 ml fettarmer Milch und einem TL Rapsöl 25 g des Pulvers und schüttelst das Ganze in einem Shaker einige Sekunden kräftig durch. Alternativ kannst du statt Milch auch Wasser verwenden. Eine Portion des Shakes kommt auf 275 kcal (mit Milch) bzw. 104 kcal (mit Wasser).

Der Shake ist fettarm, hält dich lange satt und besteht zum Großteil aus Eiweiß. Damit trägt er zum Erhalt deiner Muskelmasse bei. Denn denk immer daran: Muskelmasse ist der Fettverbrenner Nummer eins!

Den Shake findest du auf unserer Website:
www.das-bikini-bootcamp.de/der-shake/

DIE WICHTIGSTEN PUNKTE FÜR DIE HANDHABUNG UND DEINE SICHERHEIT

Wahrscheinlich kennst du dich bestens mit dem Thermomix® aus und hast ihn auch schon in deinen Alltag integriert. Falls du den Thermomix® länger nicht benutzt hast oder ihn erst seit Kurzem besitzt, hier zu deiner eigenen Sicherheit die Gebrauchsanweisung. Bitte lies sie dir noch einmal genau durch. Wir haben hier sicherheitshalber die wichtigsten Bedienungstipps und Vorsichtsmaßnahmen für den TM5 zusammengefasst.

ZERKLEINERN UND PÜRIEREN

Setze immer den Messbecher als Spritzschutz ein. Beim Zerkleinern von Nüssen, Gemüse oder anderen harten Lebensmitteln könnten sonst Teile herausgeschleudert werden. Beim Pürieren von heißen Suppen etc. besteht Verbrennungsgefahr durch Spritzer. Verwende den Spritzschutz auch, wenn du vier oder mehr Portionen Suppe kochst – da kann es ebenfalls spritzen.

HEISSER MIXTOPFINHALT (ÜBER 60 °C)

Bei heißem Mixtopfinhalt nicht sofort im Turbomodus pürieren und die Drehzahl nur langsam, aber stetig erhöhen.

MAXIMALE FÜLLSTANDSMARKIERUNG

Bitte beachte die maximale Füllstandsmarkierung im Mixtopf. Er ist vom Hersteller für 2,2 l ausgelegt (TM5).

ENTRIEGELUNG DES MIXTOPFDECKELS

Der Mixtopfdeckel entriegelt sich automatisch nach Ende der eingestellten Garzeit. Versuche nicht, ihn gewaltsam zu öffnen.

DAMPFGAREN (VAROMA)

Beim Dampfgaren mit dem Varoma darf der Messbecher nicht eingesetzt werden. Es kann sonst kein Dampf entweichen.

Bei Verwendung des Varoma muss der Dampf zirkulieren können. Bitte lass deshalb immer einige Schlitze im Boden frei. Gib bitte genügend Wasser für die Dampfentwicklung in den Mixtopf. Setze stets den Varomadeckel auf und achte darauf, beim Öffnen nicht mit dem heißen Dampf in Berührung zu kommen.

RÜHREINSATZ

Der Schmetterling (Rühreinsatz) zum Schlagen von Eischnee oder Sahne darf nur bis höchstens Stufe 4 verwendet werden. Der Sattel darf bei Verwendung des Schmetterlings nicht eingeführt werden.

KEINE ANDEREN RÜHRWERKZEUGE VERWENDEN

Bitte niemals ein anderes Rührwerkzeug als den Spatel in die Deckelöffnung einführen. Der Spatel ist mit seinem „Kragen" so konstruiert, dass er nicht mit den Messern in Berührung kommt.

REINIGUNG DES MIXTOPFES

Wenn du den Mixtopf zum Reinigen auseinandernehmen möchtest, gehe bitte sehr vorsichtig mit dem Mixmesser um. Die Messer sind sehr scharf, es besteht Verletzungsgefahr!

AUFBEWAHRUNG DES THERMOMIX®

Stelle den Thermomix® bitte immer auf eine rutschfeste, ebene Arbeitsfläche; die meisten Besitzer räumen dem Gerät sehr schnell einen festen Platz in der Küche ein. Beim Zerkleinern oder beim Rühren von Teigen kann der Thermomix® durch Unwucht in Bewegung geraten. Bleibe bei diesen Arbeitsschritten neben deinem Gerät.

GENERELLES ZU DEN REZEPTEN

Alle Rezepte für die 21 Tage des Bikini-Bootcamps sind für 1 Portion berechnet.

Da bei uns das Prinzip „Gemüse – all you can eat!" gilt, kannst du deine Mahlzeiten immer mit mehr Gemüse zubereiten, als im Rezept angegeben ist.

Unsere Rezepte lassen sich zwar mit dem Thermomix® (ausgelegt sind sie für den TM5) noch schneller und leichter zubereiten, aber wir erläutern auch die alternative Zubereitung mit herkömmlichen Küchengeräten.

Die nun folgenden Rezepte sind aufgeteilt in Mahlzeit 1, Mahlzeit 2, Mahlzeit 3. Dies entspricht der Reihenfolge Frühstück, Mittagessen und Abendessen, wobei man die Mahlzeiten im Bikini-Bootcamp grundsätzlich zu sich nehmen kann, wann man möchte und wenn der Hunger drückt.

Wir empfehlen jedoch mit der Benennung als Mahlzeit 1, 2 und 3 eine bestimmte Reihenfolge: Mahlzeit 1 ist ein typisches Frühstück (zum Beispiel ein Smoothie oder ein Müsli) und Mahlzeit 3 enthält in der Regel weniger Kohlenhydrate als Mahlzeit 2 und ist daher besonders gut als Abendessen geeignet.

Wer das Bikini-Bootcamp mit diesem Buch komplett durchziehen möchte, dem empfehlen wir daher, sich an den 21-Tage-Ernährungsplan (siehe Seite 29) zu halten.

THERMOMIX®-BASICS

Der Thermomix® hat viele Vorzüge: Zunächst einmal vereinfacht, verkürzt und erleichtert er das Kochen an sich. Da die Zubereitung von Nahrung so angenehm und fast wie von selbst passiert, gelingt das Kochen mit frischen Zutaten jedem. Leider sind in Fertig-, aber auch in Milchprodukten, Bouillon und Gewürzmischungen zahlreiche Zusatzstoffe, Geschmacksverstärker, unnötige Binde- bzw. Süßungsmittel zu finden, das ist weitläufig bekannt. Die einzige Chance, diesen Zusätzen einigermaßen zu entkommen, ist, so viel wie möglich selbst herzustellen. Und genau das ist mit dem Thermomix® ein Kinderspiel. Mit dem Thermomix® lassen sich Mahlzeiten sowie einzelne Teilrezepte schnell, preiswert und ernährungsbewusst zubereiten. Hier nur einige Beispiele:

- ***Würzmischungen***
- ***Kräutersalze***
- ***Pestos***
- ***Saucen***
- ***Pasten***
- ***Aufstriche***
- ***Marmeladen / Fruchtaufstriche***
- ***(Mandel-, Kokosnuss-, Walnuss-, Haselnuss-)Drinks***
- ***u. v. m.***

Meine Favoriten sind der Mandeldrink und meine selbstgemachte Gemüsepaste. Deshalb möchte ich euch diese beiden Grundrezepte als Erstes vorstellen.

MANDELDRINK

ZUTATEN FÜR 1 L

- 300 g Mandeln (ganz und ungeschält)
- 1 l Wasser
- Salz

Meinen ersten Mandeldrink habe ich vor ca. 2 Jahren selbst hergestellt. Ich habe einfach nach Alternativen gesucht, denn gekaufte Produkte waren mir meistens zu süß und sie enthalten für meinen Geschmack zu viele Konservierungsstoffe.

Damals habe ich noch mit einem Hochleistungsmixer gearbeitet. Jetzt, seitdem unsere „Uschi" einen festen Platz in unserer Küche gefunden hat, kaufen wir kaum noch Nussdrinks.

MIT THERMOMIX®

Die Mandeln in eine Schüssel füllen und mit Wasser bedecken. Über Nacht stehen lassen, sodass sie gut einweichen können, das ist sehr wichtig.
Das Wasser abgießen und die Mandeln gründlich unter fließendem Wasser abspülen.
Mandeln mit Wasser sowie 1 Prise Salz in den Mixtopf geben, alles 1 Min. / Stufe 10 zerkleinern. Den Drink mehrmals durch ein feines Sieb in ein hohes Gefäß abgießen und auch das verbliebene Mandelmus gut ausdrücken.
Den Mandeldrink in eine verschließbare Glasflasche umfüllen. Der Mandeldrink hält sich im Kühlschrank ca. 4–5 Tage.

OHNE THERMOMIX®

Die Mandeln in eine Schüssel füllen und mit Wasser bedecken. Über Nacht stehen lassen, sodass sie gut einweichen können, das ist sehr wichtig.
Das Wasser abgießen und die Mandeln gründlich unter fließendem Wasser abspülen.
Die Wasser-Mandel-Mischung in einen Hochleistungsmixer geben und so lange pürieren, bis eine weiße Flüssigkeit ohne Stücke entsteht. Ein Baumwolltuch über ein Sieb legen und den Mandeldrink durch das Tuch passieren. Die Masse gut abtropfen lassen und auspressen, sodass die gesamte Flüssigkeit verwendet wird.
Den Mandeldrink in eine verschließbare Glasflasche umfüllen. Der Mandeldrink hält sich im Kühlschrank ca. 4–5 Tage.

Tipps: Das ausgepresste Mandelmus kann ebenfalls weiterverwendet werden, etwa als Zugabe zu Brot- oder Keksteigen oder in kleinen Mengen als Bestandteil des morgendlichen Müslis. Es ist eigentlich zu schade zum Wegwerfen, da es noch alle wertvollen Nährstoffe der Mandeln enthält.

Das Mandelmus durch einen Nussmilchbeutel (erhältlich beispielsweise in Drogeriemärkten) passieren, dann wird der Drink noch feiner.
Auch die Herstellung jedes anderen Nussdrinks ist ähnlich unkompliziert: Such dir einfach deine Lieblingsnusssorte aus und folge den oben beschriebenen Schritten.

SELBST GEMACHTE GEMÜSEPASTE

Eines hat sich mit dem Einzug von „Uschi“ auf jeden Fall in unserem Küchenschrank geändert: Es gibt keine fertig gekaufte Gemüsebrühe oder industriell hergestellte Brühwürfel mehr in unserer Küche. Die Gemüsepaste ist wirklich eines der besten Basics, die man mit dem Thermomix® herstellen kann.
In vielen Gerichten verwende ich diese Gemüsepaste. Sie ist wirklich leicht herzustellen. Verwendet werden verschiedene Gemüsesorten, die auch variiert werden können. Und das Beste: Die Gemüsepaste schmeckt auch ohne Geschmacksverstärker oder Zusatzstoffe wunderbar.

ZUTATEN FÜR CA. 750 G

(Gemüse nach Geschmack austauschbar)

- 30 g Parmesan (Stück)
- 200 g Staudensellerie
- 200 g Möhren
- 100 g Zwiebeln
- 100 g Tomaten
- 200 g Zucchini
- 1–2 Knoblauchzehen
- 1 Handvoll Champignons
- 2 Handvoll frische Kräuter (z. B. Liebstöckel, Basilikum, Rosmarin)
- 2 Handvoll frische Petersilie
- 120 g grobes Meersalz
- 1 EL Olivenöl

MIT THERMOMIX®

Das Gemüse säubern und in kleine Stücke schneiden. Kräuter waschen und trocken schütteln, dann die Blätter abzupfen.
Parmesan im Mixtopf 10 Sek. / Stufe 10 zerkleinern, dann in eine kleine Schüssel umfüllen.
Gemüse gemeinsam mit den Kräutern in den Mixtopf geben und 10 Sek. / Stufe 7 zerkleinern. Mit Hilfe des Spatels nach unten schieben und gegebenenfalls wiederholen.
Olivenöl, 3 EL Wasser sowie Salz dazugeben und 40 Min. / Varoma / Stufe 3 ohne Messbecher einkochen. Als Spritzschutz den Gareinsatz auf den Mixtopfdeckel setzen.
Abschließend den Gareinsatz abnehmen, den zerkleinerten Parmesan dazugeben und alles 1 Min. / Stufe 10 pürieren (Messbecher!). In ein Glas mit Schraubverschluss füllen und abkühlen lassen.

OHNE THERMOMIX®

Das Gemüse säubern und in kleine Stücke schneiden. Kräuter waschen und trocken schütteln, dann die Blätter abzupfen.
Parmesan sehr fein reiben, beiseitestellen. In einem Topf das Öl erhitzen und das gesamte Gemüse gemeinsam mit den Kräutern kurz andünsten. Dann mit 3 EL Wasser ablöschen. Das Salz dazugeben und alles mindestens 45 Min. sanft einkochen. Anschließend den Parmesan dazugeben und die gesamte Masse mit dem Mixstab sehr fein pürieren. In ein Glas mit Schraubverschluss füllen und abkühlen lassen.

Dosierungshilfe: 1 TL Gemüsepaste auf 500 ml Wasser verwenden, ergibt 500 ml Gemüsebrühe. 1 industriell hergestellter Brühwürfel entspricht 1 TL Gemüsepaste.

Tipps: Die abgekühlte Gemüsepaste hält sich im Kühlschrank mehrere Monate lang. Die Gemüsepaste ist immer wieder ein tolles Küchengeschenk für liebe Freunde.

KRÄUTERSALZ

Kräutersalze mit herkömmlichen Küchengeräten selbst herzustellen ist nicht ganz so schwierig, aber mit dem Thermomix® ist es ein Kinderspiel. Kräutersalze eignen sich immer gut als kleines Geschenk. Ob Vanille-, Rotwein-, Oliven-, Chili-, Zitronen- bzw. Orangensalz ... Der Rezeptfantasie sind keine Grenzen gesetzt. Für die Geschenkverpackung einfach für das Salz ein schönes Schraubglas wählen, das Glas mit einem dekorativen Anhänger versehen und gegebenenfalls noch beschriften.

Ich bin seit meiner Kindheit eine Salzliebhaberin und besonders mag ich Salze mit Kräutern oder auch Orangen- oder Zitronenabrieb. Für mich der pure Genuss: reife Tomaten verfeinert mit einem aromatischen Kräutersalz.

Die verwendeten Kräuter sollten alle bereits getrocknet sein. Falls frische Kräuter verwendet werden, sollten sie auf einem Backblech bei etwa 40–50 °C schonend getrocknet werden. Die Kräuter müssen auf jeden Fall komplett trocken sein vor der weiteren Verarbeitung, denn sonst klumpt das Salz schnell.

ZUTATEN FÜR 1 SCHRAUBGLAS À 250 ML

- 200 g grobes Meersalz
- 3 TL getr. Rosmarin
- 3 TL getr. Oregano
- 3 TL getr. Thymian
- 1 TL getr. Lavendel
- 3 TL getr. Basilikum

MIT THERMOMIX®

Alle Kräuter in den Mixtopf geben und 8 Sek. / Stufe 10 (Messbecher!) zerkleinern. Dann das Salz hinzufügen und 5 Sek. / Stufe 7 verrühren. Wenn es noch feiner werden soll, 5 Sek. / Stufe 7 wiederholen.

Das Salz in ein Schraubglas abfüllen.

OHNE THERMOMIX®

Die getrockneten Kräuter in einem Mixer oder in einer anderen Küchenmaschine sehr fein zerkleinern. Das Salz dazugeben und gemeinsam noch mal ganz fein vermischen.

Das Salz in ein Schraubglas abfüllen.

Tipps: Das Salz ist dunkel und trocken gelagert wochenlang haltbar. Es entwickelt sein Aroma nach einigen Stunden.

Wer Lavendel nicht mag, ersetzt diesen durch 1 frische Knoblauchzehe. In diesem Fall das Salz auf einem großen Teller komplett austrocknen lassen, bevor es in das Schraubglas abgefüllt wird.

TAG 0

DEIN CLEANING DAY

MORGENS

GRÜNER KICK-IN-DEN-TAG-SMOOTHIE

ZUTATEN

- 1 grüner Apfel
- 1 Handvoll Brokkoli
- 1 Kiwi
- ½ Banane
- 2 Datteln
- 1 TL Zitronensaft
- 1 TL Flohsamenschalenpulver
- 250 ml Wasser

MIT THERMOMIX®

Das Kerngehäuse des Apfels entfernen, den Brokkoli putzen, das Fruchtfleisch der Kiwi mit einem Löffel auslösen, die Banane schälen. Alles in kleine Stücke schneiden.
Alles gemeinsam in den Mixtopf geben und 5 Sek. / Stufe 5 zerkleinern. Anschließend 1 Min. / Stufe 10 (Messbecher!) pürieren.

OHNE THERMOMIX®

Das Kerngehäuse des Apfels entfernen, den Brokkoli putzen, das Fruchtfleisch der Kiwi mit einem Löffel auslösen, die Banane schälen. Alles in kleine Stücke schneiden.
Alle Zutaten gemeinsam in den Hochleistungsmixer geben und fein pürieren.

Tipp: Der Smoothie wird cremiger, wenn die Datteln vorher einige Stunden in etwas Wasser eingelegt werden und somit aufweichen.

MITTAGS

KARTOFFEL MIT GEMÜSE-QUARK-DIP

ZUTATEN

- 8 Radieschen
- 1 Möhre
- 1 sehr große festkochende Kartoffel
- 1 kleine Knoblauchzehe
- Kräuter nach Belieben (z. B. Schnittlauch, Petersilie, Kresse)
- 250 g Magerquark
- 1 Schuss Mineralwasser
- Salz
- schwarzer Pfeffer aus der Mühle
- Schnittlauch zum Garnieren, nach Belieben

OHNE THERMOMIX®

Die Radieschen und die Möhre putzen, beides halbieren. Den Knoblauch schälen, die Kräuter waschen und trocken schütteln.
Den Backofen auf 200 °C (Umluft) vorheizen. Ungeschälte Kartoffel gründlich waschen, evtl. abbürsten, trocken tupfen. Kartoffel in Alufolie wickeln, auf ein Backblech legen und ca. 1 Stunde backen.
In der Zwischenzeit Radieschen, Möhre, Knoblauch und Kräuter mit einem Messer fein hacken und in eine Schüssel füllen. Quark, Mineralwasser sowie Salz und Pfeffer dazugeben. Alles gründlich verrühren.

MIT THERMOMIX®

Die Radieschen und die Möhre putzen, beides halbieren. Den Knoblauch schälen, die Kräuter waschen und trocken schütteln.
Kartoffel schälen. Radieschen, Möhre, Knoblauch und Kräuter im Mixtopf 5 Sek. / Stufe 5 (Messbecher!) zerkleinern.
Magerquark, Mineralwasser, Salz sowie Pfeffer dazugeben. Alles Stufe 1 linksdrehend vermischen. Anschließend in eine kleine Schüssel umfüllen, den Mixtopf säubern.
Kartoffel in den Varoma legen, 500 ml Wasser in den Mixtopf füllen und die Kartoffel 45 Min. / Varoma / Stufe 1 garen.
Fertig gegarte Kartoffel in der Mitte aufschneiden (evtl. die Alufolie vorher öffnen) und Gemüse-Quark-Dip darauf verteilen. Nach Belieben mit Schnittlauch garniert servieren.

TAG 0

ABENDS

GEMÜSESUPPE MIT ERBSEN UND MÖHREN

MIT THERMOMIX®

Die Möhre schälen und in Scheiben schneiden. Die Frühlingszwiebel putzen und in Ringe schneiden.
Gemüsebrühe und Möhrenscheiben in den Mixtopf geben. Gemeinsam 20 Min. / 90 °C / Stufe 1 garen.
Unaufgetaute Erbsen und Frühlingszwiebel dazugeben und alles weitere 4 Min. / 90 °C / Stufe 1 garen.
Die Suppe in tiefen Tellern heiß servieren.

OHNE THERMOMIX®

Die Möhre schälen und in Scheiben schneiden. Die Frühlingszwiebel putzen und in Ringe schneiden.
In einem kleinen Topf Gemüsebrühe und Möhrenscheiben 15 Min. bei mittlerer Temperatur köcheln lassen. Unaufgetaute Erbsen und Frühlingszwiebel dazugeben und alles gemeinsam weitere 4 Min. ziehen lassen.
Die Suppe in tiefen Tellern heiß servieren.

ZUTATEN

- 1 kleine Möhre
- 1 Frühlingszwiebel
- 300 ml Gemüsebrühe (siehe Seite 22)
- 1 Handvoll TK-Erbsen

BBC-ERNÄHRUNGSPLAN FÜR 21 TAGE

TAG 1 – 7

TAG	MAHLZEIT 1	MAHLZEIT 2	MAHLZEIT 3
1	Silkes Birchermüsli *S. 30*	Tomatige Rindfleischbällchen + veg. *S. 32*	Vitalsalat *S. 34*
2	Silkes Porridge *S. 36*	Graupen-Möhren-Eintopf *S. 38*	Tomatiger Avocadosalat *S. 40*
3	Anti-Heißhunger-Müsli *S. 42*	Vollkorn-Farfalle mit Wirsing-Möhren-Gemüse *S. 44*	Grüne Bohnen mit Erdnüssen *S. 46*
4	Sonnensmoothie *S. 48*	Schichtsalat „to go" à la BBC *S. 50*	Schnelle Blumenkohlsuppe mit Wildlachs *S. 52*
5	Rührei-Burger *S. 54*	Scharfes Asiagemüse auf Basmatireis *S. 56*	Grande-Vitamina *S. 58*
6	Silkes Omelett *S. 60*	Erdnuss-Möhren-Salat *S. 62*	Lachstatar auf Pumpernickel + veg. *S. 64*
7	Apfel-Birnen-Müsli *S. 68*	Zitronig-frischer Kartoffelsalat *S. 70*	Möhren-Linguine mit selbst gemachtem Pesto *S. 72*

TAG 8 – 14

TAG	MAHLZEIT 1	MAHLZEIT 2	MAHLZEIT 3
8	Vitaminsmoothie für die kalte Jahreszeit *S. 74*	Schnelles Gemüsecurry mit Tofu *S. 76*	Chicoréeschiffchen mit Rotkohlsalat *S. 78*
9	BBC-Vanille-Himbeer-Shake *S. 80*	Erbsen-Möhren-Püree mit Garnelen + veg. *S. 82*	Coleslaw mit Hähnchen + veg. *S. 84*
10	Chiapudding mit Himbeerkrönchen *S. 86*	Kohlrabi-Quinoa-Lasagne + veg. *S. 88*	Feurige Kürbissuppe *S. 90*
11	Knackiger Obstsalat *S. 92*	Reis mit Tomatensugo *S. 94*	Fitnessgulasch mit Hähnchenbrustfilet + veg. *S. 96*
12	„Mango küsst Erdbeere" *S. 100*	Rotkohlsalat mit Mandeln *S. 101*	Kohlrabisüppchen *S. 102*
13	Vollkornbrot mit Avocadopaste und Lachs + veg. *S. 104*	Chili con Carne mit Reis + veg. *S. 106*	Silkes „Gemüse – all you can eat!" *S. 108*
14	Rucola-Champignon-Omelett *S. 110*	Regenbogenpizza *S. 112*	Eintopf mit weißen Bohnen, Paprika und Chili *S. 114*

TAG 15 – 21

TAG	MAHLZEIT 1	MAHLZEIT 2	MAHLZEIT 3
15	Blaubeersmoothie *S. 116*	Wirsingeintopf mit Hackfleisch + veg. *S. 118*	Rohkostplatte mit Joghurt-Kresse-Dip *S. 120*
16	Winterlicher Hafersmoothie *S. 122*	Hirsesuppe mit Gemüse *S. 123*	BBC-Reisrollen + veg. *S. 124*
17	Erdbeerjoghurt *S. 126*	Kabeljau auf Gemüsebett + veg. *S. 128*	Würzige Tomatensuppe *S. 132*
18	Overnight Oats mit Passionsfrucht und Physalis *S. 134*	Rote-Bete-Apfel-Walnusskern-Salat *S. 135*	Scharfe Currysuppe mit Huhn + veg. *S. 136*
19	Bananensmoothie *S. 138*	Blumenkohlpüree mit Hackfleisch + veg. *S. 140*	Kichererbsensalat mit Tomaten zum Sattwerden *S. 142*
20	Omelett mit Gemüse auf Vollkornbrot *S. 144*	Gegrillter Thunfisch auf Süßkartoffelbett + veg. *S. 146*	Kartoffel-Möhren-Suppe *S. 148*
21	Silkes vegetarische Brotzeit *S. 150*	Vegetarische Kohlsuppe *S. 152*	Rohkostsalat mit Käse *S. 154*

REZEPTE TAG 1 BIS 7

TAG 1

SILKES BIRCHERMÜSLI

MAHLZEIT 1

ZUTATEN

- 1 kleiner Apfel
- 1 feste Birne
- 1 kleine Banane
- 10 Mandeln
- 10 getr. Cranberrys
- 1 Spritzer Zitronensaft
- 200 g fettarmer Naturjoghurt (1,5 % Fett)

MIT THERMOMIX®

Den Apfel und die Birne waschen. Beides vierteln und das Kerngehäuse entfernen. Die Banane schälen. Das Obst in grobe Stücke schneiden.
Mandeln und Cranberrys in den Mixtopf geben, alles 3 Sek. / Stufe 7 zerkleinern (Messbecher!). Obst gemeinsam mit Zitronensaft in den Mixtopf geben. Alles 3 Sek. / Stufe 6 zerkleinern. Danach Joghurt dazugeben und 7 Sek. / Stufe 3 vermengen.
Das fertige Müsli in einer kleinen Schüssel servieren.

OHNE THERMOMIX®

Den Apfel und die Birne waschen. Beides vierteln und das Kerngehäuse entfernen. Die Banane schälen. Das Obst in grobe Stücke schneiden.
Mandeln mit einem großen Messer grob zerkleinern. Vorbereitetes Obst sowie Cranberrys in ganz kleine Stücke schneiden. Alles in eine Schüssel geben, 1 Spritzer Zitronensaft und Joghurt dazugeben. Alles gut vermengen.
Das fertige Müsli in einer kleinen Schüssel servieren.

Tipp: Wer keine Cranberrys mag, kann auch zu anderen getrockneten Früchten, beispielsweise Aprikosen (ca. 2 Stück reichen), greifen.

Zusatzinfos: Das Birchermüsli wurde ca. 1900 von dem Schweizer Arzt Konrad Bircher „erfunden". Es diente damals zur Therapie von Stoffwechsel- und Lebererkrankungen. Das Ursprungsrezept besteht nur aus Haferflocken, Wasser, Kondensmilch und geriebenen Äpfeln. Heute gibt es unter der Bezeichnung Birchermüsli unzählige Varianten, wobei der Apfel aber immer noch eine zentrale Stellung einnimmt.

TAG 1

MAHLZEIT 2

TOMATIGE RINDFLEISCHBÄLLCHEN

ZUTATEN

- 2 Zwiebeln
- 2 Knoblauchzehen
- 10 Stängel glatte Petersilie
- 4 große reife Tomaten
- 10 g Parmesan (Stück)
- 5 große schwarze Oliven, entsteint
- 1 TL Öl
- 250 g Tatar oder Rinderhackfleisch
- 1 EL Tomatenmark
- Salz
- schwarzer Pfeffer aus der Mühle
- 1TL Tandoori-Gewürzmischung

MIT THERMOMIX®

Die Zwiebeln und den Knoblauch schälen, beides halbieren. 1 Zwiebel und 1 Knoblauchzehe beiseitelegen. Die Petersilie waschen, trocken schütteln und die Blätter abzupfen. Die Tomaten waschen und vierteln.

Parmesan in den Mixtopf geben und 10 Sek. / Stufe 9 (Messbecher!) zerkleinern, danach in einer Schüssel beiseitestellen. Zwiebel, Knoblauch, Petersilie und Oliven in den Mixtopf geben und 3 Sek. / Stufe 7 zerkleinern. Alles mit dem Spatel nach unten schieben und den Vorgang wiederholen. Danach Öl dazugeben und 5 Min. / 120 °C / Stufe 1 dünsten.

Fleisch, Parmesan, Salz, Pfeffer sowie Gewürzmischung hinzugeben und alles 10 Sek. / Stufe 4 vermengen. Masse in eine Schüssel umfüllen und daraus mit den Händen kleine Bällchen formen. Die Bällchen in den Varoma-Einlegeboden setzen.

Den Mixtopf säubern, beiseitegelegte Zwiebel und Knoblauch sowie 1 TL Wasser hineingeben. Alles gemeinsam 3 Sek. / 120 °C / Stufe 1 dünsten. Tomaten und Tomatenmark dazugeben, 5 Sek. / Stufe 7 pürieren. Varoma aufsetzen, Rindfleischbällchen über der Tomatensauce 20 Min. / Varoma / Stufe 1 garen.

Fleischbällchen in einen tiefen Teller geben, mit Tomatensauce übergießen, mit etwas Petersilie bestreut servieren.

OHNE THERMOMIX®

Die Zwiebeln und den Knoblauch schälen, beides halbieren. 1 Zwiebel und 1 Knoblauchzehe beiseitelegen. Die Petersilie waschen, trocken schütteln und die Blätter abzupfen. Die Tomaten waschen und vierteln.

Parmesan in einem Hochleistungsmixer auf höchster Stufe pulverisieren, dann in eine große Schüssel füllen und den Mixer säubern.

Zwiebel, Knoblauch, Petersilie und Oliven im Mixer ca. 2 Sek. auf höchster Stufe zerkleinern. Gemeinsam mit dem Hackfleisch, Salz und Pfeffer zum Parmesan in die Schüssel geben. Alles miteinander vermengen und mit den Händen kleine Bällchen formen.

In einer Pfanne Öl erhitzen und die Bällchen darin kurz scharf anbraten.

In der Zwischenzeit Tomaten, Tomatenmark, beiseitegelegte Zwiebel und Knoblauch mit etwas Salz und Pfeffer sowie mit der Gewürzmischung im Mixer zerkleinern. Danach direkt in die Pfanne geben und die Rindfleischbällchen bei niedriger Temperatur ca. 10 Min. garen lassen.

Fleischbällchen in einen tiefen Teller geben, mit Tomatensauce übergießen, mit etwas Petersilie bestreut servieren.

Für Vegetarier: Vegetarier ersetzen das Fleisch durch eine Mischung aus 50 g Kichererbsen (Dose) und 50 g Haferflocken. Das Ganze mit 1 Ei sowie dem Käse und den Gewürzen wie oben beschrieben vermengen, zu Bällchen formen und 30 Min. im Kühlschrank ziehen lassen. Dann der weiteren Zubereitung folgen.

TAG 1

MAHLZEIT 3

VITALSALAT

ZUTATEN

- 1 EL Pinienkerne
- 1 Apfel
- 1 Handvoll Brokkoli
- je 1 rote und gelbe Paprikaschote
- 1 TL Öl
- 1 TL Balsamico-Essig
- ½ TL Senf
- Salz
- schwarzer Pfeffer aus der Mühle

MIT THERMOMIX®

Eine beschichtete Pfanne ohne Fett erhitzen. Die Pinienkerne darin bei mittlerer Temperatur rundherum goldbraun rösten. Dabei häufig wenden und ab und zu die Pfanne schwenken. Anschließend die Kerne direkt herausnehmen und zum Abkühlen auf einen Teller geben.
Das Gemüse putzen, vom Apfel das Kerngehäuse entfernen und alles in grobe Stücke schneiden. Alle Zutaten in den Mixtopf geben und 5 Sek. / Stufe 5 (Messbecher!) zerkleinern.
Alles in eine Schüssel geben und gut vermischen, anschließend auf einem Teller servieren.

OHNE THERMOMIX®

Eine beschichtete Pfanne ohne Fett erhitzen. Die Pinienkerne darin bei mittlerer Temperatur rundherum goldbraun rösten. Dabei häufig wenden und ab und zu die Pfanne schwenken. Anschließend die Kerne direkt herausnehmen und zum Abkühlen auf einen Teller geben.
Das Gemüse putzen, vom Apfel das Kerngehäuse entfernen und alles in grobe Stücke schneiden. Brokkoli in Röschen teilen und in mundgerechte Stücke schneiden. Von diesen Röschen wiederum den Strunk entfernen und alles ganz klein schneiden.
Auch Paprika und Apfel in ganz kleine Stücke schneiden. Geröstete Pinienkerne kurz mit dem Mixer zerkleinern.

TAG 2

MAHLZEIT 1

SILKES PORRIDGE

ZUTATEN

- 10 Mandeln
- 5 Walnusskerne
- 100 ml Wasser
- 100 ml fettarme Milch (1,5 % Fett)
- 50 g Haferflocken
- Nüsse nach Belieben
- 1 Handvoll Beeren (frisch oder TK)

MIT THERMOMIX®

Mandeln und Walnusskerne in den Mixtopf geben (Messbecher!) und gemeinsam 5 Sek. / Stufe 6 zerkleinern.
Alles mit dem Spatel nach unten schieben. Wasser, Milch und Haferflocken dazugeben. Gemeinsam 8 Min. / 100 °C / Stufe 2 garen.
In eine Schüssel geben und mit Früchten oder frischen Nüssen vermengen. Umfüllen, mit Beeren dekorieren und warm servieren.

OHNE THERMOMIX®

Mandeln und Walnusskerne im Mixer zerkleinern. Danach mit Milch, Wasser und Haferflocken in einen Topf geben und kurz aufkochen lassen.
Anschließend bei niedriger Temperatur unter ständigem Rühren so lange auf dem Herd lassen, bis dir die Konsistenz zusagt.
In eine Schüssel geben und mit Früchten oder frischen Nüssen vermengen. Umfüllen, mit Beeren dekorieren und warm servieren.

Zusatzinfos: Porridge, also Haferschleim oder Oatmeal (amerikanisch), wurde zuerst von den ärmeren Bevölkerungskreisen in Schottland als Grundnahrungsmittel verwendet.
Er besteht nur aus Haferflocken und Wasser bzw. Milch und wird so lange gekocht, bis ein schleimiger Brei entsteht. Heute, viele Jahre später, ist Porridge sehr in Mode und erscheint mit den unterschiedlichsten Zutaten auf dem Frühstückstisch.

TAG 2

MAHLZEIT 2

GRAUPEN-MÖHREN-EINTOPF

MIT THERMOMIX®

Die Möhren und den Sellerie putzen und schälen, dann grob in Stücke schneiden. Den Lauch waschen, putzen und grob in Stücke schneiden.
Graupen in 500 ml Salzwasser im Mixtopf 15 Min. / 100 °C / Stufe 0,5 vorkochen. Danach durch ein Sieb abgießen, beiseitestellen und den Mixtopf säubern.
Lauch mit Öl in den Mixtopf geben und 3 Min. / 120 °C / Stufe 1 (Messbecher!) andünsten.
Möhren und Sellerie mit in den Topf geben und 3 Sek. / Stufe 5 zerkleinern. Brühe, vorgegarte Graupen und Lorbeerblatt dazugeben, alles 20 Min. / 100 °C / Stufe 1 linksdrehend garen.
Das Ganze mit Salz und Pfeffer abschmecken, Lorbeerblatt entfernen und den Eintopf auf einem tiefen Teller mit Petersilie bestreut servieren.

OHNE THERMOMIX®

Die Möhren und den Sellerie putzen und schälen, dann grob in Stücke schneiden. Den Lauch waschen, putzen und grob in Stücke schneiden.
Graupen in ein Sieb geben und mit lauwarmem Wasser gründlich abspülen, gut abtropfen lassen. Gemüse in kleine Stücke schneiden.
In einem Topf Öl erhitzen, Gemüse darin andünsten. Brühe sowie 500 ml Wasser dazugießen. Auch Lorbeerblatt, Salz und Pfeffer dazugeben und alles aufkochen lassen.
Graupen dazugeben und alles ca. 35–40 Min. bei geschlossenem Deckel gar köcheln lassen.
Das Ganze mit Salz und Pfeffer abschmecken, Lorbeerblatt entfernen und den Eintopf auf einem tiefen Teller mit Petersilie bestreut servieren.

ZUTATEN

- 4 Möhren
- ½ Knolle Sellerie
- 2 Stangen Lauch
- 70 g Graupen
- Salz
- 1 TL Öl
- 1 Lorbeerblatt
- 250 ml Rinderbrühe
- schwarzer Pfeffer aus der Mühle
- 1 EL Petersilie, fein gehackt

Für Vegetarier: Vegetarier verwenden statt Rinderbrühe eine Gemüsebrühe (siehe Seite 22).

TAG 2

MAHLZEIT 3

TOMATIGER AVOCADOSALAT

ZUTATEN

- 1 kleine Zwiebel
- 1 Knoblauchzehe
- 1 kleine reife Avocado
- ½ Stück Mozzarella oder 4 Mozzarellabällchen
- einige Blätter frisches Basilikum
- 1 TL Öl
- 2 EL Balsamico-Essig
- Salz
- schwarzer Pfeffer aus der Mühle
- Chilipulver
- 200 g Kirschtomaten

MIT THERMOMIX®

Die Zwiebel und den Knoblauch schälen, beides ganz fein hacken. Die Avocado halbieren, das Fruchtfleisch in Würfel schneiden. Den Mozzarella in kleine Stücke schneiden bzw. halbieren. Die Basilikumblätter waschen und trocken schütteln. Zwiebel und Knoblauch im Mixtopf 3 Sek. / Stufe 5 (Messbecher!) zerkleinern. Alle weiteren Zutaten außer Tomaten und Mozzarella ebenfalls in den Mixtopf geben und 3 Sek. / Stufe 4 zerkleinern. Diese Masse gemeinsam mit Tomaten und Mozzarella in einer Schüssel verrühren, auf einem Teller servieren.

OHNE THERMOMIX®

Die Zwiebel und den Knoblauch schälen, beides ganz fein hacken. Die Avocado halbieren, das Fruchtfleisch in Würfel schneiden. Den Mozzarella in kleine Stücke schneiden bzw. halbieren. Die Basilikumblätter waschen und trocken schütteln. Zwiebel, Knoblauch und Basilikumblätter gemeinsam mit Avocadowürfeln und Mozzarellastücken in einer großen Schüssel vermengen. Öl sowie Balsamico-Essig dazugeben und gut vermengen. Mit Salz, Pfeffer und Chilipulver abschmecken, dann auf einem Teller servieren.

TAG 3

ANTI-HEISSHUNGER-MÜSLI

MAHLZEIT 1

ZUTATEN

- 1 Kiwi
- 1 Apfel
- 1 Mandarine
- 10 Mandeln
- 1 Msp. Flohsamenschalenpulver
- 2 EL Haferflocken
- 1 EL Dinkelflocken
- 100 g fettarmer Naturjoghurt (1,5 % Fett)
- 70 g Magerquark

MIT THERMOMIX®

Das Fruchtfleisch der Kiwi auslösen, den Apfel halbieren und das Kerngehäuse entfernen, die Mandarine schälen und in Spalten teilen.

Mandeln, Flohsamenschalenpulver sowie Hafer- und Dinkelflocken in den Mixtopf geben und 5 Sek. / Stufe 6 zerkleinern (Messbecher!). In eine Schüssel umfüllen und den Mixtopf säubern.

Obst in den Mixtopf geben und 3 Sek. / Stufe 5 zerkleinern. Joghurt und Quark dazugeben, alles gemeinsam 5 Sek. / Stufe 3 linksdrehend verrühren.

Müslimischung schichtweise abwechselnd mit zerkleinertem Obst in ein Glas geben und servieren.

OHNE THERMOMIX®

Das Fruchtfleisch der Kiwi auslösen, den Apfel halbieren und das Kerngehäuse entfernen, die Mandarine schälen und in Spalten teilen.

Mandeln grob hacken und mit Hafer- und Dinkelflocken sowie mit Flohsamenschalenpulver in einer Schüssel vermengen.

Obst in kleine Stücke schneiden.

Joghurt, Quark und Obststückchen in eine Schüssel geben und gut verrühren.

Müslimischung schichtweise abwechselnd mit zerkleinertem Obst in ein Glas geben und servieren.

TAG 3

MAHLZEIT 2

VOLLKORN-FARFALLE MIT WIRSING-MÖHREN-GEMÜSE

MIT THERMOMIX®

Die äußeren Blätter und den Strunk des Wirsings entfernen. Die erforderliche Menge Blätter abtrennen, waschen und in grobe Streifen schneiden. Die Möhren waschen, die Zwiebel schälen. Die Petersilie waschen, trocken schütteln, die Blätter abzupfen und sehr fein hacken. Möhren und Zwiebel in grobe Stücke schneiden. Öl mit Zwiebel in den Mixtopf geben und 5 Sek. / Stufe 5 (Messbecher!) zerkleinern. Mit dem Spatel nach unten schieben und 3 Min. / 120 °C / Stufe 1 andünsten.
Möhren dazugeben und 4 Sek. / Stufe 5 zerkleinern. Wirsing, Farfalle und Gemüsebrühe dazugeben, alles 12 Min. / 90 °C / Stufe 1 linksdrehend garen. Dabei mehrmals mit dem Spatel durchmischen.
Den Eintopf mit Salz und Pfeffer abschmecken, auf einen tiefen Teller geben und mit der Petersilie bestreut servieren.

OHNE THERMOMIX®

Die äußeren Blätter und den Strunk des Wirsings entfernen. Die erforderliche Menge Blätter abtrennen, waschen und in grobe Streifen schneiden. Die Möhren waschen, die Zwiebel schälen. Die Petersilie waschen, trocken schütteln, die Blätter abzupfen und sehr fein hacken. Wirsing und Möhren in kleine Streifen schneiden, Zwiebel fein hacken.
In einem Topf Öl erhitzen und Zwiebel darin bei mittlerer Temperatur 2–3 Min. andünsten. Möhren, Wirsing, Farfalle und Gemüsebrühe dazugeben. Den Eintopf zum Kochen bringen und ohne Rühren bei geschlossenem Deckel und niedriger Temperatur 15–20 Min. köcheln lassen.
Den Eintopf mit Salz und Pfeffer abschmecken, auf einen tiefen Teller geben und mit der Petersilie bestreut servieren.

ZUTATEN

- 200 g Wirsing
- 100 g Möhren
- 1 Zwiebel
- 3 Stängel Petersilie
- 1 TL Öl
- 80 g Vollkorn-Farfalle
- 200 ml Gemüsebrühe (siehe Seite 22)
- Salz
- Pfeffer

Zusatzinfo: Wirsing, regional auch „Kappes" genannt, ist ein seit etwa tausend Jahren bei uns beheimateter Kopfkohl. Sein Gehalt an Vitamin C ist doppelt so hoch wie in Zitrusfrüchten. Seine sogenannten sekundären Pflanzenstoffe wirken Viren entgegen und bakterienhemmend. Wegen seiner gewellten Blattform bietet er sich in der Küche zur Zubereitung unterschiedlichster Gerichte an, vom Salat bis zur Kohlroulade.

TAG 3

MAHLZEIT 3

GRÜNE BOHNEN MIT ERDNÜSSEN

ZUTATEN

- 1 Knoblauchzehe
- 200 g grüne Bohnen (frisch oder TK)
- 1 kleine Chilischote
- 1 TL Erdnussöl
- 1 TL Fischsauce
- 1 Handvoll ungesalzene Erdnusskerne
- 1 Handvoll Basilikumblätter

MIT THERMOMIX®

Den Knoblauch schälen, die frischen Bohnen putzen. Tiefgekühlte Bohnen mit kochendem Wasser blanchieren. Die Chilischote aufschneiden und die Samen entfernen.
Chilischote und Knoblauch in den Mixtopf geben, alles 2 Sek. / Stufe 8 (Messbecher!) zerkleinern. Öl dazugeben und 4 Min. / Varoma / Stufe 1 dünsten.
Bohnen, Fischsauce, Erdnusskerne sowie 1 EL Wasser dazugeben. Gemeinsam 7 Min. / Varoma / Stufe 1 linksdrehend garen.
Bohnen auf einem Teller mit den Basilikumblättern bestreut servieren.

OHNE THERMOMIX®

Den Knoblauch schälen, die frischen Bohnen putzen. Tiefgekühlte Bohnen mit kochendem Wasser blanchieren. Die Chilischote aufschneiden und die Samen entfernen.
In einer Pfanne Erdnussöl erhitzen und bei niedriger Temperatur Knoblauch und Chilischote darin dünsten.
Bohnen, Fischsauce, Erdnusskerne und 1 EL Wasser dazugeben. Alles gemeinsam 8 Min. bei niedriger Temperatur unter ständigem Rühren garen.
Bohnen auf einem Teller mit den Basilikumblättern bestreut servieren.

Tipp: Die grünen Bohnen mit Erdnüssen passen sehr gut zu fast jedem Fleisch- oder Fischgericht.

Für Vegetarier: Vegetarier ersetzen die Fischsauce nach Belieben durch Sojasauce.

TAG 4

MAHLZEIT 1

SONNENSMOOTHIE

ZUTATEN

- 1 mittelgroße Banane
- ½ Mango
- 1 Passionsfrucht
- 50 ml Orangensaft (Direktsaft aus der Kühltheke oder frisch gepresst)
- 150 ml Wasser

Nach Belieben

- 4–5 Eiswürfel
- frische Minzeblätter zum Garnieren

MIT THERMOMIX®

Die Banane schälen und in grobe Stücke schneiden. Die Mango schälen und das Fruchtfleisch vom Kern abtrennen, dann ebenfalls in Stücke schneiden. Die Passionsfrucht halbieren, das Fruchtfleisch herauslöffeln. Alles in den Mixtopf geben und 5 Sek. / Stufe 5 (Messbecher!) zerkleinern. Anschließend 1 Min. / Stufe 10 pürieren. Nach Belieben Eiswürfel untermixen. In einem Glas servieren, nach Belieben mit frischen Minzeblättern garnieren.

OHNE THERMOMIX®

Die Banane schälen und in grobe Stücke schneiden. Die Mango schälen und das Fruchtfleisch vom Kern abtrennen, dann ebenfalls in Stücke schneiden. Die Passionsfrucht halbieren, das Fruchtfleisch herauslöffeln. Früchte in den Mixer geben und kurz pürieren. Restliche Zutaten gemeinsam mit Wasser hinzufügen und Smoothie so lange pürieren, bis er eine sämige Konsistenz hat. Nach Belieben Eiswürfel untermixen.
In einem Glas servieren, nach Belieben mit frischen Minzeblättern garnieren.

TAG 4

MAHLZEIT 2

SCHICHTSALAT "TO GO" À LA BBC

MIT THERMOMIX®

Den Knoblauch und die Zwiebel schälen, die Petersilie waschen und trocken schütteln. Die Blätter abzupfen, dann fein hacken. Den Schnittlauch waschen und trocken schütteln.
Die Hähnchenbrustfilets in schmale Streifen schneiden. Die Kirschtomaten waschen und vierteln. Den Rucola waschen und trocken schleudern. Die Paprikaschoten waschen und putzen.
Für die Salatsauce Knoblauch und Petersilie in den Mixtopf geben und 3 Sek. / Stufe 8 zerkleinern (Messbecher!). Anschließend die Mischung mit dem Spatel nach unten schieben. Joghurt, Schnittlauch, Zitronensaft, etwas Salz und Pfeffer dazugeben und 15 Sek. / Stufe 3 verrühren. Dann alles in eine kleine Schüssel umfüllen, beiseitestellen und den Mixtopf säubern.
Für den Salat in einer Schüssel Fleisch mit Sojasauce und Gyrosgewürz gut vermengen. Alternativ selbst mit Salz, Pfeffer und (geräuchertem) Paprikapulver abschmecken.
In den Mixtopf 200 ml Wasser geben, gewürztes Fleisch in den Varoma legen und den Varoma aufsetzen. Alles 20 Min. / Varoma / Stufe 1 garen. Anschließend Fleisch in eine Schüssel umfüllen und den Mixtopf leeren. Zwiebel in den Mixtopf geben und 3 Sek. / Stufe 5 zerkleinern (Messbecher!), dann mit dem Spatel nach unten schieben. Öl dazugeben, Zwiebel 2 Min. / 120 °C / Stufe 1 andünsten und danach auf dem Fleisch verteilen.
Gewürzgurken in den Mixtopf geben und 3 Sek. / Stufe 4 zerkleinern. Dann in eine kleine Schüssel umfüllen und beiseitestellen.
Rucola in den Mixtopf geben und 3 Sek. / Stufe 3 zerkleinern, dann ebenfalls in eine kleine Schüssel füllen.
Paprikaschoten in den Mixtopf geben, 3 Sek. / Stufe 4,5 zerkleinern und auch in eine kleine Schüssel umfüllen.
Die gesamten Zutaten schichtweise in ein schönes großes Einmachglas füllen. Die Reihenfolge könnte dabei z. B. sein: Fleisch, Sauce, Tomaten, Mais, Gewürzgurken, Sauce, Rucola, Sauce, Paprikaschote. Alternativ schichtweise in eine (Glas-)Schüssel füllen.

ZUTATEN

Für die Salatsauce
- 1 Knoblauchzehe
- 1 Handvoll Petersilie
- 1 Handvoll Schnittlauch
- 4 EL fettarmer Naturjoghurt (1,5 % Fett)
- 1 Spritzer Zitronensaft
- Salz
- schwarzer Pfeffer aus der Mühle

Für den Salat
- 1 kleine Zwiebel
- 150 g Hähnchenbrustfilets
- 200 g Kirschtomaten
- 200 g Rucola
- je 1 rote und gelbe Paprikaschote
- 5–8 Gewürzgurken
- 2 EL Mais (Dose)
- 1 TL Öl
- 1 TL Gyrosgewürz
- 1 TL Sojasauce

OHNE THERMOMIX®

Den Knoblauch und die Zwiebel schälen, die Petersilie waschen und trocken schütteln. Die Blätter abzupfen, dann fein hacken. Den Schnittlauch waschen und trocken schütteln.

Die Hähnchenbrustfilets in schmale Streifen schneiden. Die Kirschtomaten waschen und vierteln. Den Rucola waschen und trocken schleudern. Die Paprikaschoten waschen und putzen.

Für die Salatsauce Knoblauch, Petersilie sowie Schnittlauch sehr fein hacken und in eine Schüssel geben. Joghurt, Zitronensaft sowie etwas Salz und Pfeffer dazugeben und gut verrühren.

Für den Salat Fleisch, Sojasauce und Gyrosgewürz in eine Schüssel geben und gut durchmischen.

In einer Pfanne Öl erhitzen und darin Zwiebelstücke kurz andünsten, danach Fleisch dazugeben und kross anbraten.

Gewürzgurken, Rucola und Paprikaschoten in ganz kleine Stücke schneiden.

Die gesamten Zutaten schichtweise in ein schönes großes Einmachglas füllen. Die Reihenfolge könnte dabei z. B. sein: Fleisch, Sauce, Tomaten, Mais, Gewürzgurken, Sauce, Rucola, Sauce, Paprikaschote. Alternativ schichtweise in eine (Glas-)Schüssel füllen.

Für Vegetarier: Vegetarier verwenden statt Hähnchenfleisch 50 g Schafskäse.

TAG 4

MAHLZEIT 3

SCHNELLE BLUMENKOHL-SUPPE MIT WILDLACHS

MIT THERMOMIX®

Die Zwiebel schälen, den Räucherlachs in Streifen schneiden. Das tiefgefrorene Blumenkohlgemüse mit kochendem Wasser überbrühen.
Zwiebel in den Mixtopf geben und 3 Sek. / Stufe 6 zerkleinern (Messbecher!). Dann mit dem Spatel nach unten schieben. Blumenkohlgemüse dazugeben und 5 Sek. / Stufe 6 zerkleinern, dann ebenfalls mit dem Spatel nach unten schieben. Öl dazugeben und alles 3 Min. / Varoma / Stufe 1 dünsten. Gemüsebrühe eingießen und 12 Min. / 100 °C / Stufe 1 garen. Frischkäse, etwas Salz und Pfeffer sowie die Muskatnuss dazugeben und 1 Min. / 100 °C / Stufe 1 erhitzen. Danach 1 Min. / Stufe 10 pürieren.
Lachsstreifen dazugeben und die Suppe 1 Min. / 100 °C / Stufe 1 erhitzen.
In einem tiefen Teller mit Petersilie garniert servieren.

OHNE THERMOMIX®

Die Zwiebel schälen, den Räucherlachs in Streifen schneiden. Das tiefgefrorene Blumenkohlgemüse mit kochendem Wasser überbrühen.
Zwiebel in Würfel schneiden.
In einem Topf Öl erhitzen und Zwiebelwürfel darin kurz andünsten. Blumenkohl mit Gemüsebrühe dazugeben und ca. 12–15 Min. darin garen. Danach alles fein pürieren.
Lachsstreifen dazugeben und die Suppe einmal aufkochen lassen. Frischkäse dazugeben und mit Salz, Pfeffer und Muskatnuss abschmecken.
In einem tiefen Teller mit Petersilie garniert servieren.

Für Vegetarier: Vegetarier können den Lachs durch 1 EL Frischkäse ersetzen.

ZUTATEN

- 1 kleine Zwiebel
- 100 g Räucherlachs
- 300 g TK-Blumenkohlgemüse
- 1 TL Öl
- 400 ml Gemüsebrühe (siehe Seite 22)
- 2 TL Frischkäse
- Salz
- schwarzer Pfeffer aus der Mühle
- 1 Prise frisch geriebene Muskatnuss
- etwas glatte Petersilie zum Garnieren

TAG 5

MAHLZEIT 1

RÜHREI-BURGER

MIT THERMOMIX®

Das Gemüse waschen oder schälen, vierteln bzw. die Zwiebeln in Ringe schneiden, die Frühlingszwiebelringe beiseitelegen.
Zwiebelringe in den Mixtopf geben und 5 Sek. / Stufe 5 zerkleinern, dann mit dem Spatel nach unten schieben. Butter hinzufügen und Zwiebel 3 Min. / 100 °C / Stufe 0,5 andünsten. Anschließend Eier, Milch sowie Salz, Pfeffer und Muskat dazugeben. Alles 5 Sek. / Stufe 4 linksdrehend verrühren. Danach 10 Min. / 100 °C / Stufe 1 stocken lassen.
Das Rührei zwischen die beiden Pumpernickelscheiben platzieren. Mit Radieschen, Tomate, Frühlingszwiebelringen und Kräutern garnieren.

OHNE THERMOMIX®

Das Gemüse waschen oder schälen, vierteln bzw. die Zwiebeln in Ringe schneiden, die Frühlingszwiebelringe beiseitelegen.
In einer beschichteten Pfanne 1 TL Butter schmelzen, darin Zwiebelringe andünsten.
Eier, Milch sowie Salz, Pfeffer und Muskat miteinander in einer Schüssel verquirlen und zu den Zwiebeln geben. Das Ganze leicht stocken lassen und regelmäßig umrühren, bis das Rührei die gewünschte Konsistenz hat.
Das Rührei zwischen die beiden Pumpernickelscheiben platzieren. Mit Radieschen, Tomate, Frühlingszwiebelringen und Kräutern garnieren.

REZEPTE TAG 1 BIS 7

ZUTATEN

- 1 Handvoll Radieschen
- 1 kleine Zwiebel
- 1 Frühlingszwiebel
- 1 kleine Tomate
- 1 TL Butter
- 2 Eier
- 2 EL fettarme Milch (1,5 % Fett)
- Salz
- schwarzer Pfeffer aus der Mühle
- 1 Prise Muskatnuss
- 2 runde Scheiben Pumpernickel
- wahlweise frische Kräuter (z. B. Kresse)

TAG 5

MAHLZEIT 2

SCHARFES ASIAGEMÜSE AUF BASMATIREIS

ZUTATEN

- 1 Zwiebel
- 1 Knoblauchzehe
- 1 Paprikaschote
- 1 Möhre
- 1 Handvoll Brokkoliröschen
- 1 Zucchini
- 1 Handvoll Zuckerschoten, alternativ grüne Bohnen
- 1 TL Sesamöl
- 70 g Basmatireis
- 1 TL Sojasauce
- 1 TL Fischsauce
- Chiliflocken

Für Vegetarier: Vegetarier können die Fischsauce durch Sojasauce ersetzen.

MIT THERMOMIX®

Die Zwiebel und den Knoblauch schälen. Das Gemüse waschen oder putzen und in kleine Stücke schneiden.

Zwiebel und Knoblauch in den Mixtopf geben und 3 Sek. / Stufe 5 (Messbecher!) zerkleinern. Mit dem Spatel nach unten schieben.

Öl dazugeben und alles 2 Min. / 120 °C / Stufe 1 andünsten. Gemüsestücke, Soja- und Fischsauce sowie 50 ml Wasser dazugeben. Alles 10 Min. / Varoma / Stufe 1 linksdrehend garen. Während der Garzeit Basmatireis in einem Topf mit Salzwasser oder im Reiskocher nach Packungsanweisung garen. Alles gemeinsam auf einem Teller servieren.

OHNE THERMOMIX®

Die Zwiebel und den Knoblauch schälen. Das Gemüse waschen oder putzen und in kleine Stücke schneiden.

Zwiebel und Knoblauch fein hacken. In einer Pfanne Öl erhitzen, Knoblauch und Zwiebel darin andünsten. Gemüse, Soja- und Fischsauce sowie 50 ml Wasser dazugeben. Alles 10 Min. bei niedriger Temperatur unter ständigem Rühren garen.

Während der Garzeit Basmatireis in einem Topf mit Salzwasser oder im Reiskocher nach Packungsanweisung garen. Alles gemeinsam auf einem Teller servieren.

TAG 5

MAHLZEIT 3

GRANDE-VITAMINA

ZUTATEN

- 1 Apfel
- 1 Birne
- 1 Kohlrabi
- 4 Möhren
- 1 Zucchini
- 2 Stängel Petersilie
- 1 TL Öl
- Saft von ½ Zitrone
- 2 EL Sonnenblumenkerne
- Salz
- schwarzer Pfeffer aus der Mühle
- einige Stiele Schnittlauch

MIT THERMOMIX®

Das Obst waschen, das Kerngehäuse entfernen. Den Kohlrabi und die Möhren schälen, die Zucchini waschen und alles in grobe Stücke schneiden.
Die Petersilie waschen, trocken schütteln und die Blätter abzupfen.
Alles zusammen in den Mixtopf geben und 6 Sek. / Stufe 4,5 (Messbecher!) zerkleinern.
Bei Bedarf abschmecken, mit Schnittlauch garnieren und sofort servieren.

OHNE THERMOMIX®

Das Obst waschen, das Kerngehäuse entfernen. Den Kohlrabi und die Möhren schälen, die Zucchini waschen und alles in grobe Stücke schneiden.
Die Petersilie waschen, trocken schütteln und die Blätter abzupfen.
Gemüse und Obst in ganz feine Stücke hacken und in eine Schüssel geben. Restliche Zutaten dazugeben und alles gründlich vermengen.
Bei Bedarf abschmecken, mit Schnittlauch garnieren und sofort servieren.

TAG 6

SILKES OMELETT

MAHLZEIT 1

ZUTATEN

- 1 rote Paprikaschote
- 1 Frühlingszwiebel
- 3 Champignons
- 2 Eier
- 2 EL fettarme Milch (1,5 % Fett)
- Salz
- schwarzer Pfeffer aus der Mühle
- Schnittlauchröllchen, nach Belieben

MIT THERMOMIX®

Das Gemüse waschen oder putzen.
Gemüse in den Mixtopf geben und 6 Sek. / Stufe 4 zerkleinern (Messbecher!). Varoma-Einlegeboden mit einem angefeuchteten Backpapierbogen auslegen, Gemüse darauf verteilen. Eier, Milch sowie Salz und Pfeffer 10 Sek. / Stufe 4 im Mixtopf verrühren und in den Varoma über die Zutaten geben.
Mixtopf ausspülen und so hoch mit Wasser befüllen, dass das Messer bedeckt ist. Den Mixtopf mit dem Deckel verschließen und den Varoma mit Einlegeboden darauf platzieren. 25 Min. / Varoma / Stufe 1 stocken lassen.
Nach Belieben mit Schnittlauchröllchen garniert servieren.

OHNE THERMOMIX®

Das Gemüse waschen oder putzen.
Gemüse klein schneiden. In einer beschichteten Pfanne 1 TL Wasser erhitzen, das Gemüse darin andünsten. Eier, Milch sowie Salz und Pfeffer in einer Schüssel verquirlen und über das Gemüse geben. Bei mittlerer Temperatur stocken lassen, bis die gewünschte Konsistenz erreicht ist. Wer sich traut, darf das Omelett gerne zwischendurch wenden.
Nach Belieben mit Schnittlauchröllchen garniert servieren.

ERDNUSS-MÖHREN-SALAT

MAHLZEIT 2

MIT THERMOMIX®

Den Weißkohl, die Möhren, den Apfel und die Petersilie waschen oder putzen. Das Kerngehäuse des Apfels entfernen, dann alles in grobe Stücke schneiden. Die Petersilie waschen und trocken schütteln, die Blätter abzupfen. Alle Zutaten in den Mixtopf geben und 8 Sek. / Stufe 4,5 zerkleinern (Messbecher!). Danach 15 Sek. / Stufe 2,5 linksdrehend verrühren.
Abschmecken und in einer schönen Salatschüssel servieren.

OHNE THERMOMIX®

Den Weißkohl, die Möhren, den Apfel und die Petersilie waschen oder putzen. Das Kerngehäuse des Apfels entfernen, dann alles in grobe Stücke schneiden. Die Petersilie waschen und trocken schütteln, die Blätter abzupfen. Weißkohl, Möhren, Apfel und Petersilie sowie die Erdnusskerne sehr klein hacken bzw. in Streifen raspeln. Alles in eine große Schüssel geben. Frischkäse, Joghurt, Essig, Öl und Salz in einer Schüssel mit einem Schneebesen schön cremig rühren und unter den Weißkohl, Möhren, Apfel und die Erdnüsse heben. Alles gut verrühren.
Abschmecken und in einer schönen Salatschüssel servieren.

ZUTATEN

- ½ Kopf Weißkohl
- 4 große Möhren
- 1 Apfel
- 1 Handvoll glatte Petersilie
- 150 g ungesalzene Erdnusskerne
- 3 EL Frischkäse
- 2 EL fettarmer Naturjoghurt (1,5 % Fett)
- 1 EL Essig
- 1 TL Öl
- 1 TL Kräutersalz

TAG 6

MAHLZEIT 3

LACHSTATAR AUF PUMPERNICKEL

MIT THERMOMIX®

Den Dill waschen und trocken schütteln, den Lachs in grobe Stücke schneiden. Die Schalotte schälen.
Dill in den Mixtopf geben und 5 Sek. / Stufe 7 (Messbecher!) zerkleinern, danach in eine kleine Schüssel umfüllen. Limettensaft, Senf, Honig, Öl, Salz und Chilipulver in den Mixtopf geben und alles 5 Sek. / Stufe 3 zu einer Marinade verrühren, danach umfüllen.
Schalotte in den Mixtopf geben und 3 Sek. / Stufe 5 zerkleinern, Lachsstücke dazugeben und 2 Sek. / Stufe 5 zerkleinern. Alle restlichen Zutaten, also Dill und Marinade, mit in den Mixtopf geben und 20 Sek. / Stufe 2 linksdrehend vermischen.
Lachstatar in einen Stellring pressen und mindestens 30 Min. im Kühlschrank kühlen. Abschließend auf Pumpernickel mit Dill garniert servieren.

OHNE THERMOMIX®

Den Dill waschen und trocken schütteln, den Lachs in grobe Stücke schneiden. Die Schalotte schälen.
Dill fein zupfen und beiseitestellen. Senf, Honig, Limettensaft, Chilipulver, Salz und Öl miteinander verrühren. Zwiebel und Lachs in sehr kleine Würfel schneiden, mit der Marinade und dem Dill verrühren.
Lachstatar in einen Stellring pressen und mindestens 30 Min. im Kühlschrank kühlen. Abschließend auf Pumpernickel mit Dill garniert servieren.

ZUTATEN

- ¼ Bund Dill
- 200 g geräucherter Lachs am Stück
- 1 Schalotte
- 1 runde Scheibe Pumpernickel
- 1 TL Senf
- 1 TL Akazienhonig
- 1 TL Öl
- 2 EL Limettensaft
- 1 Prise Chilipulver
- Salz

TAG 6

MAHLZEIT 3

KRÄUTER-TOFU-AUFSTRICH

VEGETARISCHE VARIANTE

ZUTATEN

- 100 g weiße Bohnen (Dose)
- 50 g Tofu
- 1 TL Öl
- ½ Päckchen gemischte TK-Kräuter
- 1–2 TL Reisessig
- Salz
- schwarzer Pfeffer aus der Mühle

MIT THERMOMIX®

Die weißen Bohnen in ein Sieb geben, kalt abspülen und gut abtropfen lassen
Weiße Bohnen, Tofu und Öl in den Mixtopf geben und 15 Sek. / Stufe 8 (Messbecher!) fein pürieren. Kräuter dazugeben und 5 Sek. / Stufe 6 untermischen.
Mit Essig, Salz und Pfeffer abschmecken, am besten auf Vollkornbrot genießen.

Tipp: Gern die doppelte Menge zubereiten und 1 Portion im Schraubglas aufbewahren. Der Aufstrich hält sich kühl gelagert etwas länger als 1 Woche. Eignet sich auch als schönes Küchenmitbringsel.

OHNE THERMOMIX®

Die weißen Bohnen in ein Sieb geben, kalt abspülen und gut abtropfen lassen
Weiße Bohnen, Tofu und Öl in den Mixer geben und fein pürieren. Kräuter dazugeben und kurz durchmischen.
Mit Essig, Salz und Pfeffer abschmecken, am besten auf Vollkornbrot genießen.

TAG 7

MAHLZEIT 1

APFEL-BIRNEN-MÜSLI

ZUTATEN

- ½ Apfel
- ½ Birne
- 3 Walnusskerne
- 2 EL Himbeeren (frisch oder TK)
- 1 TL Sonnenblumenkerne
- 2 EL Haferflocken
- 100 g fettarmer Naturjoghurt (1,5 % Fett)
- 2 getr. Aprikosen, nach Belieben mehr zum Garnieren

MIT THERMOMIX®

Den Apfel und die Birne waschen, das Kerngehäuse entfernen und das Obst in grobe Stücke schneiden.
Obst und Walnusskerne in den Mixtopf geben und 3 Sek. / Stufe 5 (Messbecher!) zerkleinern. Restliche Zutaten dazugeben und alles 3 Sek. / Stufe 3 linksdrehend vermengen.
In eine kleine Schüssel geben und servieren. Nach Belieben mit getrockneten Aprikosenstücken garnieren.

OHNE THERMOMIX®

Den Apfel und die Birne waschen, das Kerngehäuse entfernen und das Obst in ganz kleine Stücke schneiden. Walnusskerne mit dem Messer hacken.
In eine Schüssel Joghurt und Haferflocken geben, mit einem Schneebesen luftig aufschlagen. Dann gemeinsam mit den restlichen Zutaten gut verrühren.
In eine kleine Schüssel geben und servieren. Nach Belieben mit getrockneten Aprikosenstücken garnieren.

TAG 7

MAHLZEIT 2

ZITRONIG-FRISCHER KARTOFFELSALAT

MIT THERMOMIX®

Den Knoblauch schälen, die Radieschen waschen, putzen und in feine Scheiben schneiden. Den Schnittlauch waschen, trocken schütteln und klein schneiden. Die Gurke waschen und in grobe Stücke schneiden. Die Kartoffeln waschen.

Knoblauch, Kreuzkümmel, Salz, Pfeffer, Öl, Zitronensaft, Essig, Joghurt und Gurke in den Mixtopf geben und 10 Sek. / Stufe 5 (Messbecher!) pürieren. Marinade in eine Schüssel umfüllen und beiseitestellen.

Ungeschälte Kartoffeln in den Gareinsatz geben. In den Mixtopf 500 ml Wasser und 1 TL Salz geben. Gareinsatz in den Mixtopf einhängen und 25 Min. / Varoma / Stufe 1 garen.

Kartoffeln kurz abkühlen lassen und vierteln. Kartoffeln gründlich mit der Marinade vermischen. Etwa 30 Min. durchziehen lassen und servieren.

OHNE THERMOMIX®

Den Knoblauch schälen, die Radieschen waschen, putzen und in feine Scheiben schneiden. Den Schnittlauch waschen, trocken schütteln und klein schneiden. Die Gurke waschen und in grobe Stücke schneiden. Die Kartoffeln waschen.

In einer großen Schüssel Knoblauch, Kreuzkümmel, Salz, Pfeffer, Öl, Zitronensaft, Essig sowie Joghurt und Gurkenstücke mit dem Stabmixer pürieren, dann beiseitestellen.

Ungeschälte Kartoffeln in Salzwasser garen.

Kartoffeln kurz abkühlen lassen und vierteln. Kartoffeln gründlich mit der Marinade vermischen. Etwa 30 Min. durchziehen lassen und servieren.

ZUTATEN

- 1 Knoblauchzehe
- 1 Handvoll Radieschen
- 5 Stängel Schnittlauch
- 1 kleine Salatgurke
- 200 g kleine vorwiegend festkochende Kartoffeln (am besten Drillinge)
- 1 Prise Kreuzkümmel
- Meersalz
- schwarzer Pfeffer aus der Mühle
- 1 TL Öl
- 1 TL Zitronensaft
- 1 TL Essig
- 100 g fettarmer Naturjoghurt (1,5 % Fett)

TAG 7

MAHLZEIT 3

MÖHREN-LINGUINE MIT SELBSTGEMACHTEM PESTO

MIT THERMOMIX®

Die Möhren schälen und mit einem Sparschäler in breite Streifen schneiden. Die Petersilie waschen und trocken schütteln. Die Knoblauchzehe schälen.
Für das Pesto Petersilie, Knoblauch, Cashewkerne und Parmesan in den Mixtopf geben (Messbecher!) und 10 Sek. / Stufe 8 zerkleinern. Restliche Zutaten für das Pesto hinzugeben und 6 Sek. / Stufe 5 linksdrehend verrühren. Pesto mit Salz und Pfeffer abschmecken und in ein verschließbares Glas füllen.
Den Mixtopf reinigen, mit 500 ml Wasser und 50 ml Gemüsebrühe füllen und mit dem Deckel verschließen. Möhrenstreifen in den Varoma legen, diesen aufsetzen und die Möhren-Linguine 13 Min. / Varoma / Stufe 1 garen.
Möhrenstreifen auf einem tiefen Teller mit 2 EL Pesto verrühren, mit den Oliven sowie frischen Kräutern nach Belieben bestreut servieren.

OHNE THERMOMIX®

Die Möhren schälen und mit einem Sparschäler in breite Streifen schneiden. Die Petersilie waschen und trocken schütteln. Die Knoblauchzehe schälen.
Petersilie, Knoblauch, Cashewkerne und Parmesan fein hacken. Mit restlichen Zutaten für das Pesto verrühren. Mit Pfeffer und Salz abschmecken und in ein verschließbares Glas füllen.
Möhrenstreifen in etwas Salzwasser oder Gemüsebrühe bis zur gewünschten Bissfestigkeit köcheln lassen.
Möhrenstreifen auf einem tiefen Teller mit 2 EL Pesto verrühren, mit den Oliven sowie frischen Kräutern nach Belieben bestreut servieren.

ZUTATEN

- 4 Möhren

Für das Pesto
- 1 Bund glatte Petersilie
- 1 Knoblauchzehe
- 5 naturbelassene Cashewkerne
- 30 g Parmesan (am Stück)
- 1 TL Olivenöl
- 1 TL Agavendicksaft
- 1 EL weißer Balsamico-Essig
- Salz
- schwarzer Pfeffer aus der Mühle

- 50 ml Gemüsebrühe (siehe Seite 22)
- 5 schwarze Oliven, entsteint
- frische Kräuter zum Garnieren, nach Belieben

REZEPTE TAG 8 BIS 14

TAG 8

MAHLZEIT 1

VITAMINSMOOTHIE FÜR DIE KALTE JAHRESZEIT

MIT THERMOMIX®

Die Ananas schälen, den Strunk entfernen, das Fruchtfleisch in kleine Stücke schneiden. Zitrone und Orange auspressen, den Ingwer schälen.
Alle Zutaten in den Mixtopf geben und 50 Sek. / Stufe 10 (Messbecher!) pürieren.

OHNE THERMOMIX®

Die Ananas schälen, den Strunk entfernen, das Fruchtfleisch in kleine Stücke schneiden. Zitrone und Orange auspressen, den Ingwer schälen.
Alle Zutaten in den Mixer geben und cremig pürieren.

ZUTATEN

- ½ Ananas
- 1 Zitrone
- 1 Orange
- 1 Stück Ingwer, 1–2 cm lang
- 150 ml Wasser
- 150 ml Kokoswasser
- 2–3 Eiswürfel, nach Belieben

Zusatzinfo: November bis Ende März, das ist die Zeit der laufenden Nasen. Die Viren haben uns fest im Griff. Können wir uns dagegen schützen, und was nutzen Vitamine und heiße Zitrone wirklich?
Am einfachsten schützt man sich, wenn man seinen Mitmenschen aus dem Weg geht. Wird wohl nicht immer möglich sein ... Mit viel Bewegung an der frischen Luft, am besten in Funktionskleidung, hat man aber auch gute Chancen, gesund durch diese Jahreszeit zu kommen. Frisches Obst versorgt uns zudem mit den Vitaminen A, C, D und E. Wer dann noch täglich 1 Handvoll Nusskerne zu sich nimmt, dem gehen auch Zink, Eisen und Selen nicht aus. Ja, und dann kann man nur hoffen, dass der Kollege am Arbeitsplatz uns nicht mit einer Ladung Viren anhustet.

TAG 8

MAHLZEIT 2

SCHNELLES GEMÜSECURRY MIT TOFU

MIT THERMOMIX®

Das Gemüse schälen oder putzen, dann klein schneiden. Die Kräuterblätter von den Stängeln zupfen. Den Tofu würfeln. Den Ingwer schälen.
Gemüse, Kräuter und Gewürze 6 Sek. / Stufe 4 im Mixtopf (Messbecher!) zerkleinern. Kokosmilch und Gemüsebrühe hinzugeben. Alles 12 Min. / 100 °C / Stufe 2 garen. Tofuwürfel zum Curry geben und 2 Min. / Stufe 0,5 rühren.

OHNE THERMOMIX®

Das Gemüse schälen oder putzen, dann klein schneiden. Die Kräuterblätter von den Stängeln zupfen. Den Tofu würfeln. Den Ingwer schälen.
Kokosmilch und Gemüsebrühe in einen Topf füllen. Knoblauch pressen, Ingwer reiben und Chilischote klein hacken. Restliches Gemüse ebenfalls in den Topf füllen. Kurz aufkochen lassen, danach bei mittlerer Temperatur 12 Min. gar ziehen lassen. In den letzten beiden Minuten Tofuwürfel und Kräuter hinzugeben.

ZUTATEN

- 1 Möhre
- 1 Zucchini
- 1 Handvoll Brokkoliröschen
- 1 rote Paprikaschote
- 1 Zwiebel
- 1 Knoblauchzehe
- 100 g Tofu
- 100 ml Kokosmilch
- 150 ml Gemüsebrühe (siehe Seite 22)
- 1 Stängel Basilikum
- 1 Stängel Koriander
- 1 kleine Chilischote
- 1 TL Currypulver
- ½ TL Zitronengraspulver
- 1 Stück Ingwer, 4 cm lang

TAG 8

MAHLZEIT 3

CHICORÉESCHIFFCHEN MIT ROTKOHLSALAT

ZUTATEN

- ½ Kopf Rotkohl
- 1 Apfel
- 14 Chicoréeblätter
- 10 Walnusskerne
- 6 EL weißer Balsamico-Essig
- 1 TL Olivenöl
- 1 TL Agavendicksaft
- Salz
- schwarzer Pfeffer aus der Mühle

MIT THERMOMIX®

Den Rotkohl vierteln, den Strunk entfernen. Das Kerngehäuse des Apfels entfernen, den Apfel in Spalten schneiden. Die Chicoréeblätter waschen und trocken schütteln.
Alle Zutaten bis auf den Chicorée in den Mixtopf füllen und 6 Sek. / Stufe 4 (Messbecher!) zerkleinern.
Salat in Chicoréeblätter füllen und servieren.

OHNE THERMOMIX®

Den Rotkohl vierteln, den Strunk entfernen. Das Kerngehäuse des Apfels entfernen, den Apfel in Spalten schneiden. Die Chicoréeblätter waschen und trocken schütteln.
Rotkohl, Nusskerne und den Apfel mit einem scharfen Messer hacken. Weißen Balsamico-Essig, Öl, Pfeffer, Salz und Agavendicksaft hinzufügen. Alles gut vermengen.
Salat in Chicoréeblätter füllen und servieren.

Zusatzinfo: Schon vor der letzten Eiszeit gab es in Europa und Asien Walnussbäume. Seine Nusskerne enthalten zahlreiche für den Menschen gesunde Inhaltsstoffe. Sie sind besonders reich an Omega-3-Fettsäuren, die unser Herz-Kreislauf-System schützen. Täglich 3–6 Walnusskerne stellen eine ideale Ergänzung zu einer gesundheitsbewussten Ernährung dar.

TAG 9

BBC-VANILLE-HIMBEER-SHAKE

MAHLZEIT 1

ZUTATEN

- 200 g fettarmer Naturjoghurt (1,5 % Fett)
- 2 Messlöffel BBC-Shake, alternativ das Mark von ½ Vanilleschote
- 80 g TK-Himbeeren
- 1 TL Akazienhonig

MIT THERMOMIX®

Joghurt und BBC-Shake (oder Vanillemark) in den Mixtopf geben, 6 Sek. / Stufe 5 linksdrehend verrühren. Dann in eine Schüssel umfüllen.
Reste mit dem Spatel nach unten schieben. Unaufgetaute Himbeeren und Akazienhonig hinzugeben, alles 10 Sek. / Stufe 8 zerkleinern (Messbecher!). Bei Bedarf den Vorgang wiederholen.
Himbeermasse abschließend auf den Joghurt geben und einfach genießen.

OHNE THERMOMIX®

In einer Schüssel Joghurt mit BBC-Shake (oder Vanillemark) verrühren. Himbeeren mit Akazienhonig in einem Mixer zerkleinern. Alternativ ohne Mixer oder Pürierstab Himbeeren auftauen lassen oder frische Früchte verwenden. Diese mit einer Gabel zerdrücken, bis eine cremige Masse entsteht.
Himbeermasse abschließend auf den Joghurt geben und einfach genießen.

BIKINI

TAG 9

MAHLZEIT 2

ERBSEN-MÖHREN-PÜREE MIT GARNELEN

ZUTATEN

- 1 Schalotte
- 2 mittelgroße vorwiegend festkochende Kartoffeln
- 2 Möhren
- 1 Knoblauchzehe
- 250 g TK-Erbsen
- 4 rohe Garnelen, geschält
- 1 TL Rapsöl
- Chilipulver
- Currypulver
- Salz
- 1 Prise frisch geriebene Muskatnuss
- 500 ml Gemüsebrühe (siehe Seite 22)
- 100 ml fettarme Milch (1,5 % Fett)

MIT THERMOMIX®

Die Schalotte, die Kartoffeln und die Möhren sowie den Knoblauch schälen. Die Erbsen auftauen lassen. Die Garnelen in einer Marinade aus Rapsöl, Knoblauch, Chili- und Currypulver und Salz mindestens 30 Min. einlegen. Anschließend die Garnelen in einer beschichteten Pfanne bei hoher Temperatur auf jeder Seite 2 Min. anbraten.

Schalotte vierteln und im Mixtopf 3 Sek. / Stufe 5 zerkleinern, dann 5 Min. / 120 °C / Stufe 1 dünsten. Mixtopf leeren und die Schalottenstücke beiseitestellen.

Gemüsebrühe in den Mixtopf geben. Kartoffeln in den Einlegeboden geben, Gemüse in den Varoma legen, diesen aufsetzen und alles 30 Min. / Varoma / Stufe 1 garen. Anschließend Varoma und Gareinsatz beiseitestellen.

Mixtopf leeren und mit gegarten Erbsen, der Hälfte der Zwiebelwürfel sowie 1 vorgegarten Kartoffel, 50 ml Milch, Salz und Muskatnuss füllen. Alles 2 Min. / 100 °C / Stufe 2 erwärmen und 30 Sek. / Stufe 10 pürieren. Erbsenpüree umfüllen und warm halten. Diesen Vorgang mit den Möhren wiederholen.

Anschließend Erbsen- und Möhrenpüree gemeinsam mit den gebratenen Garnelen servieren.

OHNE THERMOMIX®

Die Schalotte, die Kartoffeln und die Möhren sowie den Knoblauch schälen. Die Erbsen auftauen lassen. Die Garnelen in einer Marinade aus Rapsöl, Knoblauch, Chili- und Currypulver und Salz mindestens 30 Min. einlegen. Anschließend die Garnelen in einer beschichteten Pfanne bei hoher Temperatur auf jeder Seite 2 Min. anbraten.

Kartoffeln, Möhren und Erbsen getrennt voneinander in Gemüsebrühe garen. Schalotte würfeln und in Öl andünsten. Jeweils 1 Kartoffel mit der Hälfte der Schalotte, 50 ml Milch, Salz und Muskatnuss und mit Erbsen bzw. Möhren pürieren. Anschließend Erbsen- und Möhrenpüree gemeinsam mit den gebratenen Garnelen servieren.

Für Vegetarier: Vegetarier können vegane oder vegetarische Garnelen verwenden.

TAG 9

MAHLZEIT 3

COLESLAW MIT HÄHNCHEN

MIT THERMOMIX®

Tomaten waschen. Das Hähnchenbrustfilet von Fett und Sehnen befreien und in Stücke schneiden. Das Fleisch in der Sojasauce und ½ TL Currypulver mindestens 30 Min. marinieren. Anschließend auf einen Holzspieß schieben, jeweils ans Ende eine Tomate stecken. Die Möhren schälen und vom Weißkohl bei Bedarf das äußere Blatt entfernen. Möhren und Kohl in grobe Stücke schneiden.

Kohl, Möhren, Joghurt sowie ½ TL Currypulver mit Balsamico-Essig, Öl, Agavendicksaft, Pfeffer und Salz in den Mixtopf geben. Alles 6 Sek. / Stufe 4 (Messbecher!) zerkleinern. Fertigen Salat in eine große Schüssel umfüllen und am besten über Nacht ziehen lassen.

Hähnchenspieße in den Varoma legen. Den Mixtopf mit Wasser befüllen, bis das Messer bedeckt ist. Fleisch 25 Min. / Stufe 1 garen. Mit Salz und Pfeffer bestreuen.

Hähnchenspieß mit dem gut marinierten Coleslaw servieren.

OHNE THERMOMIX®

Tomaten waschen. Das Hähnchenbrustfilet von Fett und Sehnen befreien und in Stücke schneiden. Das Fleisch in der Sojasauce und ½ TL Currypulver mindestens 30 Min. marinieren. Anschließend auf einen Holzspieß schieben, jeweils ans Ende eine Tomate stecken. Die Möhren schälen und vom Weißkohl bei Bedarf das äußere Blatt entfernen.

Kohl und Möhren sehr klein hacken oder dünn hobeln. Joghurt, Gewürze, Essig, Öl und Agavendicksaft gründlich verrühren, Gemüse unterheben und am besten über Nacht ziehen lassen.

Eingelegten Hähnchenspieß in einer beschichteten Pfanne mit ½ TL Öl bei mittlerer Temperatur von jeder Seite 1 Min. anbraten.

Hähnchenspieß mit dem gut marinierten Coleslaw servieren.

ZUTATEN

- 6 Cocktailtomaten
- 200 g Hähnchenbrustfilet
- 2 EL Sojasauce
- 1 TL Currypulver
- 2 Möhren
- 300 g Weißkohl
- 1 EL fettarmer Naturjoghurt (1,5 % Fett)
- 2 EL weißer Balsamico-Essig
- 1 TL Öl
- 1 TL Agavendicksaft
- Salz
- schwarzer Pfeffer aus der Mühle

Für Vegetarier: Vegetarier können anstatt Hähnchenfleisch vegetarischen Hähnchenersatz verwenden.

TAG 10

MAHLZEIT 1

CHIAPUDDING MIT HIMBEERKRÖNCHEN

MIT THERMOMIX®

In einer kleinen Schüssel 1 EL Chiasamen mit 4 EL Wasser vermischen und ½ Tag im Kühlschrank ziehen lassen. Die Erdbeeren waschen, putzen und halbieren. Die Himbeeren ebenfalls waschen.

Joghurt mit Chiapaste und Vanillemark in den Mixtopf geben und alles 4 Sek. / Stufe 4 linksdrehend verrühren, dann in ein Glas füllen. Erdbeeren darauf verteilen. Einige Himbeeren zur Seite legen. Die restlichen Himbeeren mit Agavendicksaft in den Mixtopf geben und 8 Sek. / Stufe 8 pürieren (Messbecher!). Je nach Konsistenzwunsch den Vorgang wiederholen.

Pürierte Himbeermasse auf den Chiapudding geben, die übrigen Himbeeren als Krönchen daraufsetzen und servieren.

OHNE THERMOMIX®

In einer kleinen Schüssel 1 EL Chiasamen mit 4 EL Wasser vermischen und ½ Tag im Kühlschrank ziehen lassen. Die Erdbeeren waschen, putzen und halbieren. Die Himbeeren ebenfalls waschen.

In einer Schüssel Joghurt mit Chiapaste und Vanillemark verrühren. Pudding in ein Glas füllen und Erdbeeren darauf verteilen. Einige Himbeeren zur Seite legen. Die restlichen Himbeeren gemeinsam mit dem Agavendicksaft pürieren.

Pürierte Himbeermasse auf den Chiapudding geben, die übrigen Himbeeren als Krönchen daraufsetzen und servieren.

ZUTATEN

- 1 EL Chiasamen
- 1 Handvoll Erdbeeren
- 1 Handvoll Himbeeren
- 200 g fettarmer Naturjoghurt (1,5 % Fett)
- Mark von ¼ Vanilleschote
- 1 TL Agavendicksaft

TAG 10

KOHLRABI-QUINOA-LASAGNE

MAHLZEIT 2

ZUTATEN

- 2 Kohlrabi
- 1 Möhre
- 1 Petersilienwurzel
- 1 Zwiebel
- 1 Knoblauchzehe
- 3 Tomaten
- 1 TL Öl
- 2 EL italienische Kräuter
- 100 g Tatar oder Rinderhackfleisch
- Salz
- Cayennepfeffer
- 80 g Quinoa
- 1 TL Agavendicksaft
- 1 TL Tomatenmark
- 30 g frisch geriebener Parmesan
- einige Blätter Basilikum

MIT THERMOMIX®

Das Gemüse und den Knoblauch schälen, die Tomaten jedoch würfeln. Den Kohlrabi in feine Scheiben und das restliche Gemüse in Stücke schneiden.
Zwiebel, Möhre, Knoblauch und Petersilienwurzel mit Öl und italienischen Kräutern in den Mixtopf geben und alles 5 Sek. / Stufe 6 zerkleinern (Messbecher!). Anschließend das Ganze 5 Min. / 120 °C / Stufe 1 linksdrehend dünsten.
Hackfleisch, Tomaten, Cayennepfeffer und Salz dazugeben, evtl. mit dem Spatel auflockern. Dann 8 Min. / 120 °C / Stufe 1 linksdrehend verrühren. Das Ganze umfüllen und den Mixtopf säubern.
Quinoa, 200 ml Wasser, Salz, Tomatenmark und Agavendicksaft in den Mixtopf geben. Alles 20 Min. / 120 °C / Stufe 1 linksdrehend köcheln lassen. Anschließend Hackfleischmasse hinzugeben und 5 Sek. / Stufe 3 linksdrehend verrühren. Masse umfüllen und den Mixtopf säubern.
Dann den Mixtopf mit 500 ml Wasser füllen. Kohlrabischeiben in den Varoma legen und 20 Min. / Varoma / Stufe 2 garen.

Den Backofen auf 180 °C (Ober- / Unterhitze) vorheizen. Abwechselnd Kohlrabischeiben und Hackfleisch-Quinoa-Masse in eine Auflaufform schichten, bis alle Zutaten verbraucht sind. Zum Abschluss den Parmesan darüberstreuen und alles 30–40 Min. backen. Mit Basilikum garnieren und servieren.

OHNE THERMOMIX®

Das Gemüse und den Knoblauch schälen, die Tomaten würfeln. Den Kohlrabi in feine Scheiben und das restliche Gemüse in Stücke schneiden.
Zwiebel, Knoblauch, Möhre und Petersilienwurzel in kleine Würfel schneiden. In einer Pfanne Öl erhitzen, das Gemüse bis auf die Tomaten darin andünsten. Italienische Kräuter, Hackfleisch sowie gewürfelte Tomaten dazugeben und anbraten. Quinoa in 200 ml Wasser, Tomatenmark, Agavendicksaft und Salz köcheln, bis die Flüssigkeit eingekocht ist. Kohlrabischeiben ca. 10 Min. in Salzwasser köcheln lassen.
Den Backofen auf 180 °C (Ober-/Unterhitze) vorheizen. Abwechselnd Kohlrabischeiben und Hackfleisch-Quinoa-Masse in eine Auflaufform schichten, bis alle Zutaten verbraucht sind. Zum Abschluss den Parmesan darüberstreuen und alles 30–40 Min. backen. Mit Basilikum garnieren und servieren.

Für Vegetarier: Vegetarier können diese Lasagne auch ohne Fleisch zubereiten; wer möchte, kann stattdessen 50 g rote Linsen gemeinsam mit der Quinoa garen (dann 300 ml Wasser verwenden) und in der Lasagne verarbeiten.

TAG 10

FEURIGE KÜRBISSUPPE

MAHLZEIT 3

MIT THERMOMIX®

Den Kürbis halbieren, die Kerne mit einem Löffel herauskratzen, Kürbis in grobe Stücke schneiden. Die Kartoffel und die Zwiebel schälen, beides halbieren. Den Ingwer schälen.
Zwiebel in den Mixtopf geben und 3 Sek. / Stufe 5 zerkleinern (Messbecher!), dann mit dem Spatel herunterschieben. Öl dazugeben und alles 3 Min. / 120 °C / Stufe 1 andünsten. Kürbis, Kartoffel, Ingwer und Brühe dazugeben, gemeinsam 25 Min. / 100 °C / Stufe 1 kochen lassen. Frischkäse und Sambal Oelek dazugeben, langsam auf Stufe 7 hochdrehen, 10 Sek. pürieren. Kürbissuppe mit Salz, Pfeffer und Chilipulver abschmecken. Abschließend noch mal 5 Sek. / Stufe 7 pürieren.
Suppe in einen Teller geben, mit Chilifäden sowie Kürbis- und Sonnenblumenkernen garnieren und servieren.

OHNE THERMOMIX®

Den Kürbis halbieren und die Kerne mit einem Löffel herauskratzen. Die Kartoffel und die Zwiebel schälen, beides halbieren. Den Ingwer schälen.
Zwiebel vierteln, Kürbis in kleine Stücke schneiden. Kartoffel in kleine Würfel schneiden.
Öl in einem Topf erhitzen und Zwiebel darin glasig andünsten. Kürbis, Kartoffel sowie Ingwer dazugeben und bei niedriger Temperatur 5 Min. leicht andünsten. Brühe dazugeben und zugedeckt ca. 15 Min. köcheln lassen. Anschließend Frischkäse und Sambal Oelek dazugeben. Alles mit dem Pürierstab fein pürieren, mit Salz, Pfeffer und Chilipulver abschmecken.
Suppe in einen Teller geben, mit Chilifäden sowie Kürbis- und Sonnenblumenkernen garnieren und servieren.

ZUTATEN

- 250 g Hokkaidokürbis
- 1 große, vorwiegend festkochende Kartoffel
- 1 Zwiebel
- 1 Stück Ingwer, 3 cm lang
- 1 TL Öl
- 250 ml Gemüsebrühe (siehe Seite 22)
- 1 EL Kräuterfrischkäse
- ½–1 gestr. TL Sambal Oelek
- Salz
- schwarzer Pfeffer aus der Mühle
- Chilipulver
- einige Chilifäden
- 1 TL Kürbiskerne
- 1 TL Sonnenblumenkerne

TAG 11

MAHLZEIT 1

KNACKIGER OBSTSALAT

MIT THERMOMIX®

Die Birne und die Beeren waschen. Das Kerngehäuse der Birne entfernen, das Fruchtfleisch der Kiwi herauslöffeln. Die Orange und die Grapefruit schälen. Birne, Kiwi, Erdbeeren, Orange und Grapefruit in kleine Stücke schneiden.
Walnusskerne im Mixtopf 5 Sek. / Stufe 9 (Messbecher!) zerkleinern. Die Hälfte der zerkleinerten Walnüsse in eine kleine Schüssel umfüllen, Rest im Mixtopf lassen.
Joghurt und Grapefruit- und Orangensaft in den Mixtopf geben, alles 5 Sek. / Stufe 4 vermischen.
Joghurtmischung in eine Schüssel füllen. Obst darübergeben und die restlichen Walnusskerne darüberstreuen. Nach Belieben mit frischen Minzeblättern garniert servieren.

OHNE THERMOMIX®

Die Birne und die Beeren waschen. Das Kerngehäuse der Birne entfernen, das Fruchtfleisch der Kiwi herauslöffeln. Die Orange und die Grapefruit schälen. Birne, Kiwi, Erdbeeren, Orange und Grapefruit in kleine Stücke schneiden.
Walnusskerne ganz klein hacken. Joghurt, Grapefruit- und Orangensaft sowie die Hälfte der Walnüsse in einer Schüssel mit dem Schneebesen gründlich vermengen.
Joghurtmischung in eine Schüssel füllen. Obst darübergeben und die restlichen Walnusskerne darüberstreuen. Nach Belieben mit frischen Minzeblättern garniert servieren.

ZUTATEN

- ½ Birne
- 1 Handvoll Erdbeeren
- 1 Handvoll Blaubeeren
- 1 Kiwi
- ½ Orange
- ½ Grapefruit
- 100 g fettarmer Naturjoghurt (1,5 % Fett)
- 6 Walnusskerne
- Saft von ½ Grapefruit
- Saft von ½ Orange
- frische Minzeblätter zum Garnieren, nach Belieben

TAG 11

MAHLZEIT 2

REIS MIT TOMATENSUGO

ZUTATEN

- 500 g Tomaten
- 1 rote Paprikaschote
- 2 Stängel Basilikum
- 2 Stängel Thymian
- 1 Zwiebel
- 1 Knoblauchzehe
- 1 TL Öl
- 1 TL Agavendicksaft
- schwarzer Pfeffer aus der Mühle
- Salz
- 70 g Reis
- einige Basilikumblätter

MIT THERMOMIX®

Die Tomaten waschen und halbieren. Die Paprikaschote waschen und putzen. Die Kräuter waschen, trocken schütteln und die Blätter abzupfen. Die Zwiebel und den Knoblauch schälen. Zwiebel und Knoblauch in den Mixtopf geben, dann 5 Sek. / Stufe 7 (Messbecher!) zerkleinern.

Öl hinzugeben und 5 Min. / Varoma / Stufe 2 dünsten. Tomatenhälften, Agavendicksaft, Pfeffer, Salz und Kräuter dazugeben. Alles gemeinsam 20 Min. / Varoma / Stufe 1 köcheln lassen.

In einem Kochtopf mit Salzwasser Reis garen. Tomatensugo in einen Teller geben, Reis daraufgeben, mit Basilikumblättern garnieren und servieren.

OHNE THERMOMIX®

Die Tomaten waschen und halbieren. Die Paprikaschote waschen und putzen. Die Kräuter waschen, trocken schütteln und die Blätter abzupfen. Die Zwiebel und den Knoblauch schälen und in kleine Stücke schneiden. In einem Topf Öl erhitzen, Zwiebel und Knoblauch darin andünsten. Restliches Gemüse und Kräuter dazugeben. Alles gemeinsam 20 Min. bei mittlerer Temperatur köcheln lassen. Anschließend mit einem Stabmixer pürieren.

In einem Kochtopf mit Salzwasser Reis garen. Tomatensugo in einen Teller geben, Reis daraufgeben, mit Basilikumblättern garnieren und servieren.

TAG 11

MAHLZEIT 3

FITNESSGULASCH MIT HÄHNCHENBRUSTFILET

ZUTATEN

Für die Marinade

- ½ TL Öl
- 1 TL Currypulver
- 1 TL Paprikapulver edelsüß
- Salz
- schwarzer Pfeffer aus der Mühle

- 200 g Hähnchenbrustfilet
- 1 Zwiebel
- 1 Knoblauchzehe
- 2 Handvoll Champignons
- 1 gelbe Paprikaschote
- 3 Stängel glatte Petersilie
- 1 Handvoll Zuckerschoten
- ½ TL Öl
- 150 ml Gemüsebrühe (siehe Seite 22)
- 1 EL Kräuterfrischkäse

MIT THERMOMIX®

In einer kleinen Schüssel ½ TL Öl, Curry- und Paprikapulver, Pfeffer und Salz zu einer Marinade verrühren. Das Hähnchenfleisch würfeln und für etwa 1 Stunde in der Marinade ziehen lassen. Die Zwiebel und den Knoblauch schälen. Die Champignons sowie die Paprikaschote putzen und halbieren. Die Petersilie waschen, trocken schütteln und die Blätter abzupfen. Das Gemüse in grobe Stücke schneiden.
Zwiebel, Knoblauch und Paprikaschote im Mixtopf 5 Sek. / Stufe 5 (Messbecher!) zerkleinern. Dann ½ TL Öl dazugeben und alles 5 Min. / Varoma / Stufe 1 dünsten. Gemüsebrühe dazugeben. Hähnchenfleischstücke, Champignons und Zuckerschoten in den Varoma-Einsatz geben und diesen auf den Mixtopf setzen. Alles gemeinsam 20 Min. / Varoma / Stufe 1 linksdrehend garen. Danach Kräuterfrischkäse mit Fleisch und Gemüse in den Mixtopf geben und alles 2 Min. / 80 °C / Stufe 1 linksdrehend verrühren.
Heiß servieren und mit Petersilie bestreuen.

OHNE THERMOMIX®

In einer kleinen Schüssel ½ TL Öl, Curry- und Paprikapulver, Pfeffer und Salz zu einer Marinade verrühren. Das Hähnchenfleisch würfeln und für etwa 1 Stunde in der Marinade ziehen lassen. Die Zwiebel und den Knoblauch schälen und in kleine Stücke schneiden. Die Champignons sowie die Paprikaschote putzen und halbieren. Die Petersilie waschen, trocken schütteln und die Blätter abzupfen. Das Gemüse in grobe Stücke schneiden.

In einer beschichteten Pfanne ½ TL Öl erhitzen und darin Zwiebel und Knoblauch andünsten. Hähnchenwürfel dazugeben und scharf anbraten. Mit Gemüsebrühe ablöschen und Gemüse dazugeben. Bei mittlerer Temperatur ca. 8 Min. köcheln lassen.

Heiß servieren und mit Petersilie bestreuen.

TAG 11

MAHLZEIT 3

TOMATEN-BASILIKUM-CREME AUF PUMPERNICKEL

VEGETARISCHE VARIANTE

ZUTATEN

Für die Tomatencreme

- 1 Handvoll getr. Tomaten (ohne Öl)
- 2 EL Frischkäse

Für die Basilikumcreme

- 6–8 Basilikumblätter
- 2 EL Frischkäse
- 20 g Parmesan (am Stück)

- 150 g Kirschtomaten
- 2 Scheiben Pumpernickel

MIT THERMOMIX®

Die getrockneten Tomaten mit heißem Wasser übergießen und ca. 15 Min. darin ziehen lassen. Danach auf einem Sieb abtropfen und trocken tupfen. Die Tomaten waschen und halbieren. Die Basilikumblätter waschen und trocken schütteln.

Für die Tomatencreme eingeweichte getrocknete Tomaten gemeinsam mit Flüssigkeit in den Mixtopf geben und 10 Sek. / Stufe 6 (Messbecher!) zerkleinern. Frischkäse dazugeben und 20 Sek. / Stufe 3 vermischen. Anschließend umfüllen.
Für die Basilikumcreme Basilikum und Parmesan in den Mixtopf geben und 4 Sek. / Stufe 8 (Messbecher!) zerkleinern. Frischkäse dazugeben, gemeinsam 20 Sek. / Stufe 3 vermengen und umfüllen.
Auf eine Scheibe Pumpernickel Tomatencreme streichen, mit der anderen Scheibe Pumpernickel bedecken und diese Scheibe mit Basilikumcreme bestreichen. Die Tomatenhälften danebenlegen und servieren.

OHNE THERMOMIX®

Die getrockneten Tomaten mit heißem Wasser übergießen und ca. 15 Min. darin ziehen lassen. Danach auf einem Sieb abtropfen und trocken tupfen. Die Tomaten waschen und halbieren. Die Basilikumblätter waschen und trocken schütteln.
Für die Tomatencreme eingeweichte getrocknete Tomaten mit Flüssigkeit im Mixer kurz mixen. Frischkäse dazugeben und so lange mixen, bis eine feine Creme entsteht, diese umfüllen.
Für die Basilikumcreme Parmesan in grobe Stücke schneiden. Basilikum im Mixer mit ganz wenig Wasser kurz mixen. Restliche Zutaten dazugeben und so lange mixen, bis eine feine Creme entsteht.
Auf eine Scheibe Pumpernickel Tomatencreme streichen, mit der anderen Scheibe Pumpernickel bedecken und diese Scheibe mit Basilikumcreme bestreichen. Die Tomatenhälften danebenlegen und servieren.

TAG 12

"MANGO KÜSST ERDBEERE"

MAHLZEIT 1

ZUTATEN

- 2 Handvoll Erdbeeren (frisch oder TK)
- 1 Mango (frisch oder TK)
- 200 ml fettarme Milch (1,5 % Fett)
- Mark von ¼ Vanilleschote
- 1 TL Akazienhonig oder Agavendicksaft

MIT THERMOMIX®

Das Obst waschen und putzen bzw. schälen, dann in grobe Stücke schneiden.
Mango mit 100 ml Milch in den Mixtopf geben und gemeinsam 10 Sek. / Stufe 10 (Messbecher!) zerkleinern, dann umfüllen.
Erdbeeren, Vanillemark, Akazienhonig oder Agavendicksaft und 100 ml Milch in den Mixtopf geben. Dann alles 10 Sek. / Stufe 10 (Messbecher!) zerkleinern.
Erdbeermasse auf das Mangopüree geben und sofort servieren.

OHNE THERMOMIX®

Das Obst waschen und putzen bzw. schälen, dann in grobe Stücke schneiden.
Mango mit 100 ml Milch pürieren und umfüllen. Erdbeeren, Vanillemark, Akazienhonig oder Agavendicksaft sowie die restlichen 100 ml Milch ebenfalls pürieren.
Erdbeermasse auf das Mangopüree geben und sofort servieren.

TAG 12

MAHLZEIT 2

ROTKOHLSALAT MIT MANDELN

ZUTATEN

- 2 Handvoll Rotkohl
- 1 rote Paprikaschote
- 1 Birne
- 1 Orange
- 1 Handvoll Mandeln
- 1 TL Öl
- 1 EL Balsamico-Essig
- 1 TL Senf
- 1 TL Agavendicksaft
- Salz
- schwarzer Pfeffer aus der Mühle

MIT THERMOMIX®

Das Gemüse putzen und in Stücke schneiden. Das Obst waschen, das Kerngehäuse der Birne entfernen, die Orange schälen, das Fruchtfleisch in kleine Stücke schneiden. Alles zusammen in den Mixtopf geben und 6 Sek. / Stufe 4,5 (Messbecher!) zerkleinern. Bei Bedarf nochmals abschmecken und sofort servieren.

OHNE THERMOMIX®

Das Gemüse putzen und in Stücke schneiden. Das Obst waschen, das Kerngehäuse der Birne entfernen, die Orange schälen, das Fruchtfleisch in kleine Stücke schneiden. Gemüse, Obst und Mandeln in ganz feine Stücke hacken und in eine Schüssel geben. Die restlichen Zutaten gründlich untermengen. Abschmecken und sofort servieren.

TAG 12

MAHLZEIT 3

KOHLRABISÜPPCHEN

ZUTATEN

- 1 Zwiebel
- 1 Kohlrabi
- 1 TL Öl
- 200 g Gemüsebrühe (siehe Seite 22)
- Salz
- schwarzer Pfeffer aus der Mühle
- 1 EL Frischkäse
- frische Kräuter zum Garnieren, nach Belieben

MIT THERMOMIX®

Die Zwiebel und den Kohlrabi schälen, beides vierteln.
Zwiebel und Kohlrabi in den Mixtopf geben und 5 Sek. / Stufe 5 (Messbecher!) zerkleinern. Dann die Stücke mit dem Spatel nach unten schieben.
Öl dazugeben und das Gemüse 5 Min. / 120 °C / Stufe 2 andünsten.
Gemüsebrühe, Salz und Pfeffer dazugeben. Alles 15 Min. / 100 °C / Stufe 2 garen, dann 10 Sek. / Stufe 8 (Messbecher!) pürieren.
Frischkäse 5 Sek. / Stufe 3 einrühren.
Abschmecken und nach Belieben mit frischen Kräutern garniert servieren.

OHNE THERMOMIX®

Die Zwiebel und den Kohlrabi schälen, beides vierteln.
Zwiebel und Kohlrabi in kleine Würfel schneiden. In einem Topf das Öl erhitzen und darin das Gemüse 5 Min. bei niedriger Temperatur andünsten.
Gemüsebrühe, Salz und Pfeffer dazugeben. Gemüse bei geschlossenem Deckel 20–25 Min. sanft köcheln lassen.
Abschließend Topfinhalt mit dem Stabmixer pürieren und Frischkäse unterrühren.
Abschmecken und nach Belieben mit frischen Kräutern garniert servieren.

TAG 13

MAHLZEIT 1

VOLLKORNBROT MIT AVOCADOPASTE UND LACHS

ZUTATEN

- 50 g geräucherter Lachs
- 1 Scheibe Vollkornbrot

Für die Avocadopaste

- ½ Avocado
- 1 kleine Zwiebel
- ½ TL Zitronensaft
- Salz
- Cayennepfeffer
- 1 Spritzer Tabasco
- einige Blätter Estragon
- milde Chilischoten, in feine Ringe geschnitten

MIT THERMOMIX®

Das Fruchtfleisch der Avocado mit einem Löffel auslösen. Die Zwiebel schälen und halbieren. Für die Avocadopaste Zwiebelhälften in den Mixtopf geben und 10 Sek. / Stufe 4 (Messbecher!) zerkleinern. Danach Avocadofruchtfleisch, Zitronensaft, Salz, Cayennepfeffer und Tabasco dazugeben, alles 10 Sek. / Stufe 8 pürieren.
Vollkornbrotscheibe mit Avocadopaste bestreichen und mit Lachsscheiben belegen. Mit Estragon und milden Chilischoten garniert genießen.

OHNE THERMOMIX®

Das Fruchtfleisch der Avocado mit einem Löffel auslösen. Die Zwiebel schälen und halbieren. Für die Avocadopaste im Mixer alle Zutaten zu einer feinen Paste pürieren.
Vollkornbrotscheibe mit Avocadopaste bestreichen und mit Lachsscheiben belegen. Mit Estragon und milden Chilischoten garniert genießen.

Für Vegetarier: Vegetarier können den Lachs durch 1 hart gekochtes Ei ersetzen.

TAG 13

CHILI CON CARNE MIT REIS

MAHLZEIT 2

ZUTATEN

- 1 Zwiebel
- 1 Knoblauchzehe
- 1 rote Paprikaschote
- 1 kleine Chilischote
- 100 g Kidneybohnen (Dose)
- 100 g weiße Bohnen (Dose)
- 1 Stängel Thymian
- 1 Stängel Koriander, nach Belieben
- Schnittlauch
- 1 TL Öl
- 120 g Tatar oder Rinderhackfleisch
- 1 Lorbeerblatt
- 100 ml Gemüsebrühe (siehe Seite 22)
- 100 g stückige Tomaten (Dose)
- 1 EL Tomatenmark
- 1 TL Agavendicksaft
- 1 EL Frischkäse
- 1 TL Paprikapulver edelsüß
- je 1 Prise Salz und Cayennepfeffer
- 70 g Reis

MIT THERMOMIX®

Die Zwiebel und den Knoblauch schälen. Die Paprika putzen und alles in grobe Stücke schneiden. Die Samen der Chilischoten entfernen. Die Bohnen in einem Sieb abspülen und abtropfen lassen. Die Kräuter waschen, trocken schütteln und die Blätter abzupfen, den Schnittlauch bis auf einige Stängel in Röllchen schneiden.
Chilischote sowie Zwiebel- und Knoblauchstücke in den Mixtopf geben, alles 4 Sek. / Stufe 7 (Messbecher!) zerkleinern. Mit dem Spatel nach unten schieben. Öl dazugeben und alles 5 Min. / Varoma / Stufe 1 andünsten. Paprikaschote dazugeben und das Ganze 5 Sek. / Stufe 5 zerkleinern. Fleisch und Lorbeer hinzufügen, gemeinsam 10 Min. / Varoma / Stufe 1 linksdrehend garen. Mit Gemüsebrühe, stückigen Tomaten, Tomatenmark und Bohnen auffüllen. Dann 4 Min. / Varoma / Stufe 1 linksdrehend garen.
In einem Topf mit Salzwasser den Reis garen. Chili con Carne mit Gewürzen, Agavendicksaft und Kräutern abschmecken, in tiefe Teller füllen und mit Frischkäse und Schnittlauch servieren.

OHNE THERMOMIX®

Die Zwiebel und den Knoblauch schälen. Die Paprika putzen und alles in grobe Stücke schneiden. Die Samen der Chilischoten entfernen. Die Bohnen in einem Sieb abspülen und abtropfen lassen. Die Kräuter waschen, trocken schütteln und die Blätter abzupfen, den Schnittlauch bis auf einige Stängel in Röllchen schneiden.

Zwiebel, Knoblauch, Paprika- und Chilischote klein schneiden. In einem Topf Öl erhitzen und Zwiebel, Knoblauch und Chilischote darin andünsten. Paprikaschote und Hackfleisch hinzugeben, alles anbraten, dann mit Gemüsebrühe ablöschen. Restliche Zutaten, bis auf Frischkäse, Agavendicksaft und Kräuter, unterrühren und 20 Min. köcheln lassen.

In einem Topf mit Salzwasser den Reis garen. Chili con Carne mit Gewürzen, Agavendicksaft und Kräutern abschmecken, in tiefe Teller füllen und mit Frischkäse und Schnittlauch servieren.

Für Vegetarier: Vegetarier verwenden vegetarisches Hackfleisch.

TAG 13

MAHLZEIT 3

SILKES "GEMÜSE – ALL YOU CAN EAT!"

ZUTATEN

- 2 Zwiebeln
- 1 Knoblauchzehe
- 1 rote Paprikaschote
- 3 Möhren
- 1 Handvoll Zuckerschoten
- 2 Handvoll Brokkoliröschen
- 1 TL Öl (am besten Sesamöl)
- 50 ml Gemüsebrühe (siehe Seite 22)
- 1 EL Sojasauce

MIT THERMOMIX®

Die Zwiebeln und den Knoblauch schälen. Die Paprikaschote putzen, die Möhren schälen und beides in dünne Streifen schneiden. Das restliche Gemüse putzen.
Zwiebeln und Knoblauch in den Mixtopf geben und 3 Sek. / Stufe 5 (Messbecher!) zerkleinern. Öl dazugeben und alles 2 Min. / Varoma / Stufe 1 dünsten.
Alle weiteren Zutaten dazugeben und 10 Min. / Varoma / RührStufe linksdrehend garen und servieren.

OHNE THERMOMIX®

Die Zwiebeln und den Knoblauch schälen. Die Paprikaschote putzen, die Möhren schälen und beides in dünne Streifen schneiden. Das restliche Gemüse putzen.
Zwiebeln und Knoblauch sehr fein hacken. In einer Pfanne Öl erhitzen und darin Zwiebeln und Knoblauch andünsten. Gemüse dazugeben, kurz anbraten. Dann restliche Zutaten dazugeben. Alles bei mittlerer Temperatur einige Minuten garen und servieren.

Zusatzinfo: Sesamöl wird sowohl in der orientalischen als auch der asiatischen Küche häufig verwendet und gibt den Speisen einen kräftigen, nussigen Geschmack. Je nach Pressung eignet sich Sesamöl auch zum Kochen und Braten. Kalt gepresstes Öl schmeckt besonders fein und eignet sich eher zum Abschmecken köstlicher Salate.

TAG 14

MAHLZEIT 1

RUCOLA-CHAMPIGNON-OMELETT

ZUTATEN

- 1 Handvoll Rucola
- 1–2 Handvoll Champignons
- 1 kleine Zwiebel
- 1 TL Öl
- 2 EL fettarme Milch (1,8 % Fett)
- 50 ml Gemüsebrühe (siehe Seite 22)
- Salz
- schwarzer Pfeffer aus der Mühle
- 1 EL Mehl
- 2 Eier

MIT THERMOMIX®

Die Rucolablätter waschen und trocken schleudern. Die Champignons putzen und in Scheiben schneiden. Die Zwiebel schälen und halbieren.
Zwiebelhälften in den Mixtopf geben und 3 Sek. / Stufe 5 zerkleinern. Stücke mit dem Spatel nach unten schieben. Öl dazugeben und Zwiebeln 50 Sek. / 120 °C / Stufe 1 dünsten. Milch sowie Champignonscheiben dazugeben und alles 3 Min. / 100 °C / Stufe 1 linksdrehend andünsten. Gemüsebrühe, Salz, Pfeffer und Mehl dazugeben. Alles 1 Min. / 100 °C / Stufe 1 linksdrehend garen und anschließend in eine kleine Schüssel umfüllen. Eier mit etwas Salz in den Mixtopf geben und 10 Sek. / Stufe 4 verrühren. Öl in einer Pfanne erhitzen. Eimischung in die Pfanne geben und von einer Seite stocken lassen. Champignonmischung auf Omelett geben, nochmals kurz stocken lassen und dann das Omelett auf einen Teller gleiten lassen. Mit Rucola garniert servieren.

OHNE THERMOMIX®

Die Rucolablätter waschen und trocken schleudern. Die Champignons putzen und in Scheiben schneiden. Die Zwiebel schälen und klein hacken. In einer Pfanne ½ TL Öl erhitzen und die Zwiebel darin andünsten. Die Champignonscheiben, Gemüsebrühe, Salz, Pfeffer, Mehl dazugeben und ca. 3 Min. bei geringer Temperatur unter ständigem Rühren dünsten. Anschließend in eine Schüssel umfüllen.

Eier mit etwas Salz in eine Schüssel schlagen und mit einem Schneebesen oder einer Gabel kräftig rühren. Restliches Öl in der Pfanne erhitzen. Eimischung in die Pfanne geben und von einer Seite stocken lassen.
Champignonmischung auf Omelett geben, nochmals kurz stocken lassen und dann das Omelett auf einen Teller gleiten lassen. Mit Rucola garniert servieren.

TAG 14

MAHLZEIT 2

REGENBOGENPIZZA

ZUTATEN

- ½ Kopf Blumenkohl
- Gemüse nach Wahl (Paprikaschoten, Zwiebeln, Tomaten, Zucchini etc.)
- 1 Ei
- 30 g frisch geriebener Parmesan
- Salz
- 2 EL italienische Kräutermischung
- 2 EL Tomatenmark
- 1 EL Pizzagewürz

MIT THERMOMIX®

Den Blumenkohl in Röschen schneiden, den Strunk entfernen. Das Gemüse waschen oder schälen bzw. putzen und in dünne Streifen oder kleine Würfel schneiden. Den Backofen auf 200 °C (Ober- / Unterhitze) vorheizen. Blumenkohlröschen 5 Sek. / Stufe 7 im Mixtopf zerkleinern (Messbecher!). Brösel in den Varoma-Einlegeboden und 500 ml Wasser in den Mixtopf geben, den Varoma aufsetzen und Blumenkohl 15 Min. / Varoma / Stufe 1 garen. Wasser entsorgen. Gedämpften Blumenkohl in den Mixtopf geben.

Ei, den Parmesan, Salz und italienische Kräuter dazugeben, dann alles 8 Sek. / Stufe 4 linksdrehend vermengen.

Blumenkohl-Ei-Masse in eine flache Silikonform geben oder auf einem mit Backpapier ausgelegten Backblech in gewünschter Form flach verstreichen. Pizzaboden ca. 20 Min. im Backofen backen, bis er braun wird.

Tomatenmark mit 2 EL Wasser und Pizzagewürz vermischen. Vorgebackenen Boden damit bestreichen. Gemüse darauf verteilen und Pizza nochmals 10 Min. in den Backofen schieben. Anschließend kurz auskühlen lassen und servieren.

OHNE THERMOMIX®

Den Blumenkohl in Röschen schneiden, den Strunk entfernen. Das Gemüse waschen oder schälen bzw. putzen und in dünne Streifen oder kleine Würfel schneiden. Den Backofen auf 200 °C (Ober- / Unterhitze) vorheizen. Blumenkohl in sehr feine Stücke hacken oder reiben, bis er wie Grieß aussieht. Masse 8 Min. in der Mikrowelle garen.
Ei, Parmesan, Salz, italienische Kräuter und vorgegarten Blumenkohl zu einem Brei vermischen. Blumenkohl-Ei-Masse in eine flache Silikonform geben oder auf einem mit Backpapier ausgelegten Backblech in gewünschter Form flach verstreichen. Pizzaboden ca. 20 Min. im Backofen backen, bis er braun wird.
Tomatenmark mit 2 EL Wasser und Pizzagewürz vermischen. Vorgebackenen Boden damit bestreichen. Gemüse darauf verteilen und Pizza nochmals 10 Min. in den Backofen schieben. Anschließend kurz auskühlen lassen und servieren.

TAG 14

MAHLZEIT 3

EINTOPF MIT WEISSEN BOHNEN, PAPRIKA UND CHILI

ZUTATEN

- 2 kleine festkochende Kartoffeln
- 200 g Kirschtomaten
- 2 gelbe Paprikaschoten
- 4 Stängel Koriander oder glatte Petersilie
- 100 g weiße Bohnen (Dose)
- 1 TL Öl
- Salz
- schwarzer Pfeffer aus der Mühle
- Chilipulver

MIT THERMOMIX®

Die Kartoffeln schälen und in grobe Stücke schneiden. Die Tomaten und die Paprika waschen und putzen, beides in grobe Stücke schneiden. Den Koriander waschen und trocken schütteln, die Blätter abzupfen. Die weißen Bohnen in einem Sieb unter fließendem kaltem Wasser abspülen und abtropfen lassen.

Kartoffelstücke in den Varoma-Einlegeboden geben, den Mixtopf mit 200 ml Wasser füllen und den Varoma aufsetzen. Kartoffeln 15 Min. / Varoma / Stufe 2 vorgaren.

Einige Korianderblätter zum Garnieren beiseitelegen, restliche Blätter im Mixtopf 3 Sek. / Stufe 8 (Messbecher!) fein hacken. Paprika- und Tomatenstücke in den Mixtopf geben und alles 4 Sek. / Stufe 5 zerkleinern. Mit dem Spatel alles nach unten schieben, Öl hineingeben und Gemüse 2 Min. / 120 °C / Stufe 2 schmoren. Weiße Bohnen sowie die vorgegarten Kartoffeln in den Mixtopf geben. Salz, Pfeffer und Chilipulver dazugeben, dann alles 10 Min. / 100 °C / Stufe 1 linksdrehend garen lassen.

Auf dem Teller anrichten und mit dem restlichen Koriander garnieren.

OHNE THERMOMIX®

Die Kartoffeln schälen und in grobe Stücke schneiden. Die Tomaten und die Paprika waschen und putzen, beides in grobe Stücke schneiden. Den Koriander waschen und trocken schütteln, die Blätter abzupfen. Die weißen Bohnen in einem Sieb unter fließendem kaltem Wasser abspülen und abtropfen lassen.
In einem Topf mit Salzwasser Kartoffeln 15 Min. vorgaren. Paprika- und Tomatenstücke nochmals klein schneiden. In einem Topf Öl erhitzen und darin gesamtes Gemüse andünsten. Dann 3 EL Wasser dazugeben, salzen und bei geschlossenem Deckel ca. 4–5 Min. dünsten.
Weiße Bohnen, Pfeffer sowie Chilipulver dazugeben und alles kräftig aufkochen lassen. Bei Bedarf nachsalzen und die Hälfte des Korianders dazugeben.
Auf dem Teller anrichten und mit dem restlichen Koriander garnieren.

REZEPTE TAG 15 BIS 21

TAG 15

BLAUBEERSMOOTHIE

MAHLZEIT 1

ZUTATEN

- 150 g Blaubeeren (frisch oder TK)
- 1 kleine Banane
- 6 Pfefferminzblätter
- 150 ml Kefir
- 1 TL Zitronensaft

MIT THERMOMIX®

Die frischen Blaubeeren waschen und abtropfen lassen, die tiefgekühlten kurz auftauen lassen. Die Banane schälen und halbieren. Die Minzeblätter waschen und trocken schütteln. Beeren, Banane, Kefir und Zitronensaft 20 Sek. / Stufe 5–10 ansteigend pürieren.
In ein Glas füllen und genießen.

OHNE THERMOMIX®

Die frischen Blaubeeren waschen und abtropfen lassen, die tiefgekühlten kurz auftauen lassen. Die Banane schälen und halbieren. Die Minzeblätter waschen und trocken schütteln. Alles im Mixer so lange pürieren, bis der Smoothie eine sämige Konsistenz hat.
In ein Glas füllen und genießen.

TAG 15

MAHLZEIT 2

WIRSINGEINTOPF MIT HACKFLEISCH

ZUTATEN

- ½ kleiner Kopf Wirsing
- 4 kleine vorwiegend festkochende Kartoffeln
- 4 Möhren
- 1 große Zwiebel
- 1 Knoblauchzehe
- 1 TL Öl
- 200 g Tatar oder Rinderhackfleisch
- 400 ml Gemüsebrühe (siehe Seite 22)
- Salz
- schwarzer Pfeffer aus der Mühle
- 1 TL Kümmel
- ½ TL Tafelmeerrettich (Glas)

MIT THERMOMIX®

Die äußeren Blätter des Wirsings entfernen und den Strunk herausschneiden. Die Wirsingblätter abtrennen, waschen und in kleine Streifen schneiden. Die Kartoffeln schälen, waschen und in kleine Stücke schneiden. Die Möhren schälen. Die Zwiebel und den Knoblauch schälen, beides vierteln.

Wirsingstreifen in den Varoma und Kartoffelstücke in das Garkörbchen legen, beides beiseitestellen. Zwiebel und Knoblauch mit dem Öl in den Mixtopf geben und 6 Sek. / Stufe 5 (Messbecher!) zerkleinern. Mit dem Spatel nach unten schieben und alles 3 Min. 120 °C / Stufe 1,5 andünsten. Hackfleisch mit den Händen zerpflücken und im Mixtopf 3 Min. / 100 °C / Stufe 2 linksdrehend andünsten. Brühe in den Mixtopf geben, Garkörbchen mit den Kartoffelstücken einhängen, den Varoma mit dem Wirsingstücken aufsetzen. Das Ganze 20 Min. / Varoma / Stufe 1 linksdrehend garen und mit Salz, Pfeffer, Kümmel und Tafelmeerrettich abschmecken.

Wirsing und Kartoffeln auf einen Teller verteilen, mit Hackfleischmasse übergießen und servieren.

OHNE THERMOMIX®

Die äußeren Blätter des Wirsings entfernen und den Strunk herausschneiden. Die Wirsingblätter abtrennen, waschen und in kleine Streifen schneiden. Die Kartoffeln schälen, waschen und in kleine Stücke schneiden. Die Möhren schälen. Die Zwiebel und den Knoblauch schälen und fein hacken. In einem großen Topf Öl erhitzen und Zwiebel sowie Knoblauch darin andünsten. Hackfleisch dazugeben und kräftig anbraten. Kartoffel- und Wirsingstücke einige Minuten mitdünsten. Brühe mit Kümmel dazugeben, alles gut durchrühren, dann kurz aufkochen lassen. Bei geschlossenem Deckel ca. 20 Min. köcheln lassen. Tafelmeerrettich dazugeben, mit Salz und Pfeffer abschmecken.
Suppe auf einem Teller servieren und genießen.

Für Vegetarier: Vegetarier verwenden vegetarisches Hackfleisch.

TAG 15

MAHLZEIT 3

ROHKOSTPLATTE MIT JOGHURT-KRESSE-DIP

MIT THERMOMIX®

Das Gemüse putzen oder schälen, dann in kleine Streifen bzw. Fingerfoodstücke schneiden.
Die Kresse sowie den Schnittlauch für den Dip waschen und trocken schütteln.
Für den Dip Kresse in den Mixtopf geben und 2 Sek. / Stufe 8 (Messbecher!) zerkleinern, dann mit dem Spatel nach unten schieben. Schnittlauch, Joghurt, Frischkäse, Kräutersalz sowie Pfeffer in den Mixtopf geben und alles 5 Sek. / Stufe 2 verrühren.
Gemüsestücke auf einem großen Teller anrichten, den Dip dazu servieren.

OHNE THERMOMIX®

Das Gemüse putzen oder schälen, dann in kleine Streifen bzw. Fingerfoodstücke schneiden.
Die Kresse sowie den Schnittlauch für den Dip waschen und trocken schütteln.
Kresse und Schnittlauch fein hacken und mit Joghurt, Frischkäse, Kräutersalz, Pfeffer in eine Schüssel geben. Alles gründlich mit einem Schneebesen vermischen.
Gemüsestücke auf einem großen Teller anrichten, den Dip dazu servieren.

ZUTATEN

„Gemüse – all you can eat!", z. B.:
- Salatgurke
- Paprika
- Möhren
- Tomaten
- Brokkoli
- Kohlrabi

Für den Dip
- 1 Handvoll Kresse
- 1 Handvoll Schnittlauch
- 100 g fettarmer Naturjoghurt (1,5 % Fett)
- 1 EL Frischkäse
- Kräutersalz
- schwarzer Pfeffer aus der Mühle

TAG 16

MAHLZEIT 1

WINTERLICHER HAFERSMOOTHIE

MIT THERMOMIX®

Den Apfel schälen, das Kerngehäuse entfernen und den Apfel vierteln.
Mandeln in den Mixtopf geben und 4 Sek. / Stufe 10 (Messbecher!) zerkleinern. Dann Apfelviertel, Milch, Haferflocken und Zimtpulver in den Mixtopf geben. Alles 90 Sek. / Stufe 10 pürieren und in ein Glas umfüllen.
Mit ein paar Haferflocken bestreut sofort servieren.

ZUTATEN

- 1 Apfel
- 2 TL Haferflocken
- 10 Mandeln
- 200 ml fettarme Milch (1,8 % Fett)
- ½ TL Zimtpulver

OHNE THERMOMIX®

Den Apfel schälen, das Kerngehäuse entfernen und den Apfel vierteln.
Alle Zutaten in den Mixer geben und kräftig mixen, dann in ein Glas umfüllen.
Mit ein paar Haferflocken bestreut sofort servieren.

HIRSESUPPE MIT GEMÜSE

TAG 16

MAHLZEIT 2

ZUTATEN

- 1 große Zwiebel
- 2 Möhren
- 1 Stange Lauch
- 1 Handvoll Petersilienblätter
- Schnittlauch
- 50 g Hirse
- 300 ml Gemüsebrühe (siehe Seite 22)
- 1 EL Frischkäse
- 1 Prise getr. Estragon
- Salz
- schwarzer Pfeffer aus der Mühle

MIT THERMOMIX®

Das Gemüse schälen, den Lauch putzen und alles in Stücke schneiden. Die Kräuter waschen, trocken schütteln und fein hacken. Hirse gemeinsam mit der Brühe in den Mixtopf geben und 10 Min. / 120 °C / Stufe 0,5 garen. Dann in eine Schüssel geben und beiseitestellen.
Gemüse in den Mixtopf geben und 5 Sek. / Stufe 5 (Messbecher!) zerkleinern. Hirse wieder in den Mixtopf füllen, Frischkäse dazugeben und alles zusammen 10 Min. / 100 °C / Stufe 0,5 garen. Mit Estragon, frischen Kräutern, Frischkäse, Salz und Pfeffer abschmecken. Mit Petersilienblättchen sowie Schnittlauchröllchen garniert servieren.

OHNE THERMOMIX®

Das Gemüse schälen, den Lauch putzen und alles in Stücke schneiden. Die Kräuter waschen, trocken schütteln und fein hacken. Hirse heiß abspülen und in der Brühe 10 Min. köcheln lassen.
In der Zwischenzeit Gemüse in sehr feine Würfel bzw. Ringe schneiden. Gemüsestücke zur Hirse in den Topf geben und alles gemeinsam weitere 10–15 Min. köcheln lassen.
Mit Estragon, frischen Kräutern, Frischkäse, Salz und Pfeffer abschmecken. Mit Petersilienblättchen sowie Schnittlauchröllchen garniert servieren.

TAG 16

MAHLZEIT 3

BBC-REIS-ROLLEN

ZUTATEN

- Gemüse nach Belieben (z. B. Rotkohl, Chinakohl, Zucchini, Möhren, etc.)
- 150 g Hähnchenbrustfilet
- 3 Reisblätter

Für die Sauce

- 1 rote Paprikaschote
- 3 EL Sojasauce
- 1 TL Paprikapulver edelsüß
- 1 TL Öl
- 5 Cashewkerne
- 1 TL Agavendicksaft
- ½ Chilischote
- 2 EL weißer Balsamico-Essig
- 1 EL Frischkäse
- Salz
- schwarzer Pfeffer aus der Mühle

MIT THERMOMIX®

Das Gemüse waschen oder schälen und putzen, dann in grobe Stücke schneiden. Das Hähnchenbrustfilet in mundgerechte Stücke schneiden und mit Salz, Pfeffer und Paprikapulver bestreuen. Die Reisblätter kurz vor dem Rollen einzeln auf einen tiefen Teller mit lauwarmen Wasser legen und jeweils etwa 2 Min. einweichen lassen. Für die Sauce die Paprika putzen und vierteln.

Gemüse nach Belieben nacheinander oder gemeinsam in den Mixtopf geben und 6 Sek. / Stufe 4 zerkleinern (Messbecher!), dann in eine Schüssel umfüllen. Hähnchenstücke im Varoma-Einlegeboden gleichmäßig verteilen. Dann 500 ml Wasser in den Mixtopf füllen, verschließen, den Varoma aufsetzen und Fleisch 20 Min. / Varoma / Stufe 1 bei geschlossenem Deckel garen. Umfüllen und beiseitestellen, Wasser entsorgen.

Für die Sauce alle Zutaten in den Mixtopf geben und 10 Sek. / Stufe 8 (Messbecher!) zerkleinern, dann in ein Schälchen umfüllen.

Nun das Fleisch, Gemüse und 1 EL der Sauce mittig auf je 1 eingeweichtes Reispapierblatt legen und vorsichtig, aber fest zu einer Rolle formen. Beim Einrollen die oberen und unteren Enden einschlagen. Mit der Sauce zum Eintunken servieren.

OHNE THERMOMIX®

Das Gemüse waschen oder schälen und putzen, dann in grobe Stücke schneiden. Das Hähnchenbrustfilet in mundgerechte Stücke schneiden und mit Salz, Pfeffer und Paprikapulver bestreuen.
Die Reisblätter kurz vor dem Rollen einzeln auf einen tiefen Teller mit lauwarmen Wasser legen und jeweils etwa 2 Min. einweichen lassen. Für die Sauce die Paprika putzen und vierteln.
Gemüse in feine Streifen schneiden und beiseitestellen.
In einer beschichteten Pfanne 1 TL Öl erhitzen und darin das Hähnchenfleisch anbraten.
Für die Sauce alle Zutaten pürieren und in ein Schälchen füllen.
Nun das Fleisch, Gemüse und 1 EL der Sauce mittig auf je 1 eingeweichtes Reispapierblatt legen und vorsichtig, aber fest zu einer Rolle formen. Beim Einrollen die oberen und unteren Enden einschlagen. Mit der Sauce zum Eintunken servieren.

Für Vegetarier: Vegetarier verzichten auf das Hähnchenfleisch und braten kleine Tofuwürfel kross an.

TAG 17

MAHLZEIT 1

ERDBEERJOGHURT

ZUTATEN

- 1 Stück Ingwer, 4 cm lang
- 200 g fettarmer Naturjoghurt (1,5 % Fett)
- Mark von ¼ Vanilleschote
- 150 g Erdbeeren (frisch oder TK)
- 1 TL Agavendicksaft

MIT THERMOMIX®

Den Ingwer schälen und fein reiben.
Joghurt mit Vanillemark und Ingwer im Mixtopf 6 Sek. / Stufe 2 linksdrehend verrühren, dann in eine Schüssel umfüllen. Erdbeeren mit Agavendicksaft im Mixtopf 10 Sek. / Stufe 8 (Messbecher!) zerkleinern und auf Joghurtmasse geben.

OHNE THERMOMIX®

Den Ingwer schälen und fein reiben.
Joghurt mit Vanillemark und Ingwer verrühren, dann in eine Schüssel umfüllen. Erdbeeren mit Agavendicksaft pürieren und auf Joghurtmasse geben.

TAG 17

MAHLZEIT 2

KABELJAU AUF GEMÜSEBETT

MIT THERMOMIX®

Die Zwiebel schälen. Die Paprikaschoten waschen, putzen und in gleichmäßige Streifen schneiden. Das Fischfilet in dem Zitronensaft, 1 EL Sojasauce, Salz und Pfeffer mindestens 30 Min. im Kühlschrank marinieren.
Gemüse in den Varoma geben. Den Einlegeboden mit Backpapier auslegen und Fisch darauf betten. Den Mixtopf mit Gemüsebrühe füllen und den Varoma aufsetzen. Mit geschlossenem Deckel 20 Min. / Varoma / Stufe 1 garen. Öl, 1 EL Sojasauce, Knoblauchpulver sowie Salz und Pfeffer verrühren. Dann mit dem Gemüse vermengen.
Fisch mit einem Rosmarinzweig belegt auf dem Gemüsebett servieren.

OHNE THERMOMIX®

Die Zwiebel schälen. Die Paprikaschoten waschen, putzen und in gleichmäßige Streifen schneiden. Das Fischfilet in dem Zitronensaft, 1 EL Sojasauce, Salz und Pfeffer mindestens 30 Min. im Kühlschrank marinieren.
Den Backofen auf 180 °C (Ober- / Unterhitze) vorheizen.
Gemüse mit Öl auf einem Backblech verteilen und weich garen. Anschließend mit Sojasauce beträufeln, mit Knoblauchpulver sowie Salz und Pfeffer abschmecken. Marinierten Fisch in einer beschichteten Pfanne mit 1 TL Öl bei mittlerer Temperatur von beiden Seiten braten.
Fisch mit einem Rosmarinzweig belegt auf dem Gemüsebett servieren.

ZUTATEN

- 1 Zwiebel
- je 1 gelbe und rote Paprikaschote
- 200 g Kabeljaufilet
- 1 EL Zitronensaft
- 2 EL Sojasauce
- Salz
- schwarzer Pfeffer aus der Mühle
- 2 EL Mungobohnen
- 1 TL Öl
- 1 TL Knoblauchpulver
- 500 ml Gemüsebrühe (siehe Seite 22)
- 1 Rosmarinzweig

Für Vegetarier: Vegetarier können den Fisch durch 100 g Schafskäse ersetzen.

TAG 17

MAHLZEIT 2

KÄSESCHIFFCHEN VEGETARISCHE VARIANTE

MIT THERMOMIX®

Die Zwiebel schälen. Die Paprikaschoten waschen, putzen und in gleichmäßige Streifen schneiden. Gemüse in den Varoma geben. Brotpapier oder Alufolie zu einem kleinen Schiffchen formen. Folie mit 1 TL Olivenöl bestreichen. In feine Streifen geschnittenen Schafskäse in das Schiffchen legen und mit Pizzagewürz bestreuen. Das Schiffchen auf den Einlegeboden setzen.

Den Mixtopf mit Gemüsebrühe füllen und den Varoma aufsetzen. Mit geschlossenem Deckel 20 Min./Varoma/Stufe 1 garen.

1 TL Olivenöl, 1 EL Sojasauce, Knoblauchpulver sowie Salz und Pfeffer verrühren. Dann mit dem Gemüse vermengen.

Schafskäse mit einem Rosmarinzweig belegt auf dem Gemüsebett servieren.

OHNE THERMOMIX®

Die Zwiebel schälen. Die Paprikaschoten waschen, putzen und in gleichmäßige Streifen schneiden. Den Backofen auf 180 °C (Ober-/Unterhitze) vorheizen. Gemüse mit 1 TL Olivenöl auf einem Backblech verteilen. Pausenbrotpapier oder Alufolie zu einem kleinen Schiffchen formen. Folie mit 1 TL Olivenöl bestreichen.

In feine Streifen geschnittenen Käse in das Schiffchen legen und mit Pizzagewürz bestreuen. Gemüse und Schafskäse in der Folie auf mittlerer Schiene 10 Min. im Ofen backen.

Anschließend das Gemüse mit Sojasauce beträufeln, mit Knoblauchpulver sowie Salz und Pfeffer abschmecken.

Schafskäse mit einem Rosmarinzweig belegt auf dem Gemüsebett servieren.

ZUTATEN

- 1 Zwiebel
- je 1 gelbe und rote Paprikaschote
- 2 EL Mungobohnen
- 2 TL Olivenöl
- 100 g Schafskäse
- 1 TL Pizzagewürz
- 500 ml Gemüsebrühe (siehe Seite 22)
- 1 EL Sojasauce
- 1 TL Knoblauchpulver
- Salz
- Pfeffer
- 1 Rosmarinzweig

TAG 17

MAHLZEIT 3

WÜRZIGE TOMATENSUPPE

MIT THERMOMIX®

Die Zwiebel und den Knoblauch schälen, beides in kleine Stücke schneiden. Die Basilikum- und Petersilienblätter waschen und trocken schütteln. Dabei von den Basilikumblättern einige zum Garnieren beiseitelegen. Die Kräuter in den Mixtopf geben und 3 Sek. / Stufe 5 zerkleinern, dann umfüllen. Knoblauch und Zwiebeln in den Mixtopf geben und 3 Sek. / Stufe 5 (Messbecher!) zerkleinern.
Öl dazugeben und alles 3 Min. / Varoma / Stufe 2 andünsten. Tomaten, Tomatenmark, Kräutersalz sowie Gewürze dazugeben. Alles 5 Sek. / Stufe 5 zerkleinern. Gemüsebrühe in den Mixtopf geben und gemeinsam 10 Min. / 100 °C / Stufe 2 garen. 1 EL Frischkäse sowie Kräuter dazugeben, dann alles 30 Sek. / Stufe 8 vermischen.
Bei Bedarf abschmecken, mit 1 EL Frischkäse und nach Belieben mit Basilikumblättern garniert servieren.

OHNE THERMOMIX®

Die Zwiebel und den Knoblauch schälen. Die Basilikum- und Petersilienblätter waschen und trocken schütteln. Dabei von den Basilikumblättern einige zum Garnieren beiseitelegen. Zwiebel und Knoblauch in feine Würfel schneiden, Kräuter fein hacken. In einem Topf Öl erhitzen und Zwiebel- sowie Knoblauchwürfel darin ca. 3 Min. unter ständigem Rühren andünsten. Tomaten, Tomatenmark, Kräutersalz und Gewürze dazugeben, kurz mit andünsten. Brühe dazugeben, aufkochen und alles ca. 15 Min. unter Rühren köcheln lassen. 1 EL Frischkäse, Basilikum und Petersilie dazugeben, kurz aufkochen lassen. Suppe mit Stabmixer fein pürieren.
Bei Bedarf abschmecken, mit 1 EL Frischkäse und nach Belieben mit Basilikumblättern garniert servieren.

ZUTATEN

- 1 Zwiebel
- 1 Knoblauchzehe
- 1 Handvoll Basilikumblätter
- 1 Handvoll Petersilienblätter
- 1 TL Öl
- 3–4 mittelgroße Tomaten
- 1 EL Tomatenmark
- Kräutersalz
- Currypulver
- Pizzagewürz (alternativ Thymian, Majoran und Oregano)
- 250 ml Gemüsebrühe (siehe Seite 22)
- 2 EL fettarmer Frischkäse

TAG 18

MAHLZEIT 1

OVERNIGHT OATS MIT PASSIONSFRUCHT UND PHYSALIS

ZUTATEN

- 6 Physalis
- 2 Passionsfrüchte
- 3 EL Haferflocken, Großblatt
- 100 ml fettarme Milch (1,5 % Fett)
- 50 g fettarmer Naturjoghurt (1,5 % Fett)

MIT THERMOMIX®

Die Physalis putzen und waschen, die Passionsfrüchte halbieren und das Fruchtfleisch mit einem kleinen Löffel herauslösen.
Haferflocken im Mixtopf 5 Sek. / Stufe 5 (Messbecher!) zerkleinern. Milch sowie Joghurt dazugeben und alles 10 Sek. / Stufe 1 verrühren, danach in ein Schraubglas füllen. Das Fruchtfleisch der Sassionsfrucht daraufgeben.
Das Glas verschließen und alles über Nacht im Kühlschrank ziehen lassen. Mit den Physalis garniert servieren.

OHNE THERMOMIX®

Die Physalis putzen und waschen, die Passionsfrüchte halbieren und das Fruchtfleisch mit einem kleinen Löffel herauslösen.
Haferflocken in ein Glas füllen und mit Milch übergießen. Joghurt darüber gießen, darauf Fruchtfleisch der Passionsfrüchte geben.
Das Glas verschließen und alles über Nacht im Kühlschrank ziehen lassen. Mit den Physalis garniert servieren.

TAG 18

MAHLZEIT 2

ROTE-BETE-APFEL-WALNUSSKERN-SALAT

ZUTATEN

- 1 säuerlicher Apfel (z B. Boskop)
- 3 Knollen vorgegarte Rote Bete
- 8 Walnusskerne
- 1–2 TL Balsamico-Essig
- 1 TL Öl
- Salz
- schwarzer Pfeffer aus der Mühle
- Minzeblätter

OHNE THERMOMIX®

Das Kerngehäuse des Apfels entfernen, den Apfel vierteln. Apfel, Rote Bete und Nusskerne sehr fein hacken bzw. zerkleinern. Alles zusammen in eine Schüssel geben und mit Öl, Essig, Salz und Pfeffer abschmecken.
Mit Minzeblättern garniert servieren.

MIT THERMOMIX®

Das Kerngehäuse des Apfels entfernen, den Apfel vierteln. Apfel, Rote Bete, Nusskerne, Essig und Öl sowie Salz und Pfeffer in den Mixtopf geben. Alles 5–7 Sek. / Stufe 5 (Messbecher!) zerkleinern. Zwischendurch mit dem Spatel nach unten schieben.
Mit Minzeblättern garniert servieren.

Tipp: Dieser Salat kann auch gut einen Tag im Voraus zubereitet werden; er zieht dann im Kühlschrank gut durch.

TAG 18

MAHLZEIT 3

SCHARFE CURRYSUPPE MIT HUHN

MIT THERMOMIX®

Die Zwiebel und die Möhre schälen. Das Fleisch in feine Streifen schneiden.
Zwiebel halbieren und Möhre in kleine Stücke schneiden, beides in den Mixtopf geben und 7 Sek. / Stufe 4,5 (Messbecher!) zerkleinern. Mit dem Spatel nach unten schieben. Öl dazugeben und alles 3 Min. / 100 °C / Stufe 1 andünsten. Gemüsebrühe, Kokosmilch, Zitronensaft, rote Currypaste, Fischsauce, Erbsen und Hähnchenfleisch in den Mixtopf geben. Alles 15 Min. / 100 °C / Stufe 1 linksdrehend garen.
Thai-Basilikum waschen, trocken schütteln und in sehr feine Streifen schneiden. Suppe in tiefe Teller geben, mit Thai-Basilikum garnieren und servieren.

OHNE THERMOMIX®

Die Zwiebel und die Möhre schälen. Das Fleisch in feine Streifen schneiden.
Zwiebel und Möhre sehr klein hacken. Öl in einem Topf erhitzen, Gemüse darin andünsten, mit Gemüsebrühe und Kokosmilch ablöschen, dann stark aufkochen. Currypaste und Fischsauce einrühren. Mit Salz, Pfeffer und Zitronensaft abschmecken.
Hähnchenfleisch und Erbsen dazugeben, alles 4 Min. garen. Suppe bei geschlossenem Deckel ein paar Minuten ziehen lassen.
Thai-Basilikum waschen, trocken schütteln und in sehr feine Streifen schneiden. Suppe in tiefe Teller geben, mit Thai-Basilikum garnieren und servieren.

ZUTATEN

- 1 Zwiebel
- 1 Möhre
- 150 g Hähnchenbrustfilet
- 1 TL Öl
- 200 ml Gemüsebrühe (siehe Seite 22)
- 100 ml Kokosmilch
- 1 Spritzer Zitronensaft
- ½–1 TL rote Currypaste
- 1 TL Fischsauce
- 1 Handvoll TK-Erbsen
- 1 Stängel Thai-Basilikum

Für Vegetarier: Vegetarier ersetzen das Hähnchenfleisch durch 150 g Tofu und nach Belieben die Fischsauce durch Sojasauce.

TAG 19

MAHLZEIT 1

BANANENSMOOTHIE

ZUTATEN

- 1 große Banane
- 1 EL Zitronensaft
- 150 g fettarmer Naturjoghurt (1,5 % Fett)
- 3 TL Orangensaft, gekühlt
- 1 EL Weizenkeime
- 2–3 Eiswürfel

MIT THERMOMIX®

Die Banane schälen, grob zerschneiden und mit Zitronensaft beträufeln.
Joghurt, Orangensaft, Weizenkeime und Eiswürfel in den Mixtopf geben, alles 6 Sek. / Stufe 5 zerkleinern (Messbecher!). Anschließend Bananen dazugeben, 1 Min. / Stufe 10 pürieren und sofort servieren.

OHNE THERMOMIX®

Die Banane schälen, grob zerschneiden und mit Zitronensaft beträufeln.
Alle Zutaten im Mixer gründlich pürieren und sofort servieren.

Tipp: Häufig werden zu viele Bananen gekauft oder sie werden einfach zu schnell braun. Damit du keine Bananen mehr wegwerfen musst, schneide die geschälte Banane in Stücke und friere sie in wiederverschließbaren Gefriertüten ein. Noch ein Vorteil: wenn die Bananen für dieses Rezept tiefgefroren sind, schmeckt dieser Smoothie noch besser!

TAG 19

MAHLZEIT 2

BLUMENKOHLPÜREE MIT HACKFLEISCH

MIT THERMOMIX®

Den Blumenkohl in Röschen zerteilen, den Strunk entfernen. Die Zwiebel und den Knoblauch schälen, beides vierteln, in den Mixtopf geben und 3 Sek. / Stufe 5 (Messbecher!) zerkleinern. Beiseite stellen. Die Blätter der Kräuter abzupfen und hacken.
500 ml Gemüsebrühe in den Mixtopf geben. Blumenkohlröschen in den Varoma legen und aufsetzen, dann 20 Min. / Varoma / Stufe 1 dünsten.
Den Mixtopf leeren und gegarten Blumenkohl hineingeben. Kräuter, Salz sowie Pfeffer und den Frischkäse dazugeben, dann alles 30 Sek. / Stufe 8 durchrühren.
In einer beschichteten Pfanne 1 TL Öl erhitzen und darin Zwiebel und Knoblauch andünsten.
In einer kleinen Schüssel Hackfleisch mit Gewürzen sowie Salz vermischen, dann in der Pfanne mitbraten. Anschließend zuerst Blumenkohl, dann Hackfleisch, dann wieder Blumenkohl in Gläschen schichten. Mit Rosmarinzweig und Käsecracker garnieren.

OHNE THERMOMIX®

Den Blumenkohl in Röschen zerteilen, den Strunk entfernen.
Die Zwiebel und den Knoblauch schälen, beides vierteln und klein hacken. Die Blätter der Kräuter abzupfen und hacken.
Blumenkohlröschen in Gemüsebrühe garkochen und anschließend pürieren. Kräuter, Frischkäse, Pfeffer und Salz unterrühren.
In einer beschichteten Pfanne 1 TL Öl erhitzen und darin Zwiebel und Knoblauch andünsten.
In einer kleinen Schüssel Hackfleisch mit Gewürzen sowie Salz vermischen, dann in der Pfanne mitbraten. Anschließend zuerst Blumenkohl, dann Hackfleisch, dann wieder Blumenkohl in Gläschen schichten. Mit Rosmarinzweig und Käsecracker garnieren.

ZUTATEN

- 1½ Kopf Blumenkohl
- 1 Zwiebel
- 1 Knoblauchzehe
- Kräuter nach Belieben (Thymian, Schnittlauch, Petersilie etc.)
- Salz
- schwarzer Pfeffer aus der Mühle
- 50 g Tatar oder Rinderhackfleisch
- 1 Prise Cayennepfeffer
- 1 TL Paprikapulver edelsüß
- 1 EL Frischkäse
- 1 Prise gem. Kümmel
- 500 g Gemüsebrühe (siehe Seite 22)
- einige Zweige Rosmarin
- einige Käsecracker

Für Vegetarier: Vegetarier verwenden ein vegetarisches Hackfleischprodukt.

TAG 19

MAHLZEIT 3

KICHERERBSENSALAT MIT TOMATEN ZUM SATTWERDEN

MIT THERMOMIX®

Die Kichererbsen in einem Sieb unter fließendem kaltem Wasser abwaschen und abtropfen lassen. Den Knoblauch schälen. Die Petersilie waschen und trocken schütteln. Das Gemüse waschen oder schälen, gegebenenfalls putzen.

Knoblauch und Petersilie in den Mixtopf geben und alles 3 Sek. / Stufe 5 fein hacken. Mit dem Spatel nach unten schieben. Möhre und Rotkohl in den Mixtopf geben und 5 Sek. / Stufe 5 zerkleinern. Paprika, Brokkoli, Öl, Zitronensaft, Salz sowie Pfeffer hinzugeben und alles 5 Sek. / Stufe 4 mit Hilfe des Spatels rühren.

Danach Kichererbsen zu dem klein geschnittenen Gemüse geben. Mit Salz und Pfeffer abschmecken, dann servieren.

OHNE THERMOMIX®

Die Kichererbsen in einem Sieb unter fließendem kaltem Wasser abwaschen und abtropfen lassen. Den Knoblauch schälen. Die Petersilie waschen und trocken schütteln. Das Gemüse waschen oder schälen, gegebenenfalls putzen.

Petersilie und Knoblauch fein hacken. Tomaten halbieren, Möhren und Rotkohl in feine Streifen, Paprika in kleine Stücke schneiden. Brokkoliröschen fein hacken.

In einer Schüssel Öl, Knoblauch, Zitronensaft, Salz, Pfeffer und gehackte Petersilie vermischen. Danach Kichererbsen zu dem klein geschnittenen Gemüse geben und mit dem Dressing vermengen. Mit Salz und Pfeffer abschmecken, dann servieren.

ZUTATEN

- 100 g Kichererbsen (Dose)
- 1 Knoblauchzehe
- 1 Handvoll Petersilie
- 200 g Kirschtomaten
- 1 Möhre
- 1 rote Paprikaschote
- ½ Handvoll Brokkoliröschen
- 1 Handvoll Rotkohl
- 1 TL Öl
- 1 EL frisch gepresster Zitronensaft
- Salz
- Pfeffer

Tipp: Dieser Salat lässt sich gut einen Tag im Voraus zubereiten, er zieht dann im Kühlschrank gut durch.

TAG 20

MAHLZEIT 1

OMELETT MIT GEMÜSE AUF VOLLKORNBROT

ZUTATEN

- 1 Zwiebel
- je 1 rote und gelbe Paprikaschote
- 2 Eier
- 1 Handvoll glatte Petersilie
- 1 Spritzer Tabasco
- Salz
- schwarzer Pfeffer aus der Mühle
- scharfes Paprikapulver
- 1 Scheibe dunkles Vollkornbrot

MIT THERMOMIX®

Die Zwiebel schälen, die Paprikaschoten putzen und in schmale Streifen schneiden. Die Petersilie waschen und trocken schütteln, einige Blätter zum Garnieren beiseitelegen.
Varoma-Einlegeboden mit Backpapier auslegen, dabei aber Dampfschlitze am oberen Rand frei lassen. Petersilie in den Mixtopf geben und 3 Sek. / Stufe 8 zerkleinern. Zwiebel dazugeben und 3 Sek. / Stufe 5 zerkleinern, mit dem Spatel nach unten schieben. Dann Eier, Salz, Pfeffer sowie Paprikapulver und Tabasco in den Mixtopf geben, alles 10 Sek. / Stufe 4 verrühren.
Varoma-Einlegeboden in den Varoma einsetzen. Eimischung auf den mit Backpapier ausgelegten Einlegeboden gießen und Paprikastreifen darüber verteilen. In den Mixtopf 500 ml Wasser geben, den Varoma mit der Eimischung aufsetzen und alles 25 Min. / Varoma / Stufe 1 garen. Varoma absetzen und Omelett mit Hilfe des Backpapiers auf 1 Scheibe Vollkornbrot auf einem Teller gleiten lassen.

OHNE THERMOMIX®

Die Zwiebel schälen, die Paprikaschoten putzen und in schmale Streifen schneiden. Die Petersilie waschen und trocken schütteln, einige Blätter zum Garnieren beiseitelegen.
Zwiebel und Petersilie fein hacken. Eier in einer Schüssel verquirlen. Zwiebel, Petersilie, Paprikastreifen, Salz, Pfeffer, Paprikapulver und Tabasco dazugeben, alles gut durchmischen. In einer beschichteten Pfanne etwas Öl erhitzen und Eimischung in die Pfanne geben. Herd ausschalten, die Pfanne mit einem Teller abdecken und ziehen lassen, bis das Omelett fertig ist. Auf einem Teller mit 1 Scheibe Vollkornbrot servieren.

TAG 20

MAHLZEIT 2

GEGRILLTER THUNFISCH AUF SÜSSKARTOFFELBETT

ZUTATEN

- 1 große Süßkartoffel
- 1 Thunfischsteak (à 200 g)
- 2 EL Sojasauce
- 1 TL Öl
- 150 ml fettarme Milch (1,5 % Fett)
- Salz
- schwarzer Pfeffer aus der Mühle
- 1 Prise frisch geriebene Muskatnuss
- 1 EL fettarmer Naturjoghurt (1,5 % Fett)

MIT THERMOMIX®

Die Süßkartoffel schälen und würfeln. Den Thunfisch in Sojasauce und Öl mindestens 30 Min. marinieren.
Süßkartoffelwürfel und Milch gemeinsam in den Mixtopf geben, 20 Min. / 120 °C / Stufe 1 garen. Dann Salz, Pfeffer und Muskat nach Geschmack dazugeben und alles 5 Sek. / Stufe 6 (Messbecher!) pürieren.
Püree mit 1 EL Joghurt toppen. Thunfisch auf dem Grill oder ohne Zugabe von Fett in einer Grillpfanne grillen, auf dem Püree servieren.

OHNE THERMOMIX®

Die Süßkartoffel schälen und würfeln. Den Thunfisch in Sojasauce und Öl mindestens 30 Min. marinieren.
Süßkartoffelwürfel in Milch kochen und anschließend mit dem Stabmixer in die gewünschte Konsistenz bringen. Mit Salz, Pfeffer und Muskat abschmecken.
Püree mit 1 EL Joghurt toppen. Thunfisch auf dem Grill oder ohne Zugabe von Fett in einer Grillpfanne grillen, auf dem Püree servieren.

Für Vegetarier: Vegetarier können statt Thunfisch 150 g vorgegarte Rote Bete in Würfel schneiden und in 1 TL Akazienhonig karamellisieren.

TAG 20

KARTOFFEL-MÖHREN-SUPPE

MAHLZEIT 3

MIT THERMOMIX®

Das Gemüse waschen oder schälen, den Lauch putzen und alles in kleine Stücke schneiden. Den Liebstöckel waschen und trocken schütteln.
Zwiebel mit Öl in den Mixtopf geben und 5 Sek. / Stufe 5 zerkleinern. Mit dem Spatel nach unten schieben und 3 Min. / 120 °C / Stufe 1 andünsten.
Möhren-, Kartoffel- und Sellerie- und Lauchstücke in den Mixtopf geben und alles 3 Sek. / Stufe 5 (Messbecher!) zerkleinern. Gemüsebrühe und Liebstöckel dazugeben, dann alles 20 Min. / 90 °C / Stufe 1 linksdrehend garen.
Abschließend die Suppe mit Salz, Pfeffer und 1 EL Frischkäse abschmecken und servieren.

OHNE THERMOMIX®

Das Gemüse waschen oder schälen, den Lauch putzen und alles in kleine Stücke schneiden. Den Liebstöckel waschen und trocken schütteln.
Gemüse in sehr kleine Stücke schneiden.
In einem großen Topf Öl erhitzen und Zwiebelstücke darin andünsten. Möhren, Kartoffeln, Sellerie, Lauch in den Topf geben. Gemüse kurz andünsten und mit Gemüsebrühe ablöschen, dann einmal aufkochen lassen. Salz, Pfeffer sowie Liebstöckel dazugeben, alles gut unterrühren und ca. 1 Stunde bei niedriger Temperatur köcheln lassen. Zwischendurch immer wieder umrühren.
Abschließend die Suppe mit Salz, Pfeffer und 1 EL Frischkäse abschmecken und servieren.

ZUTATEN

- 3 Möhren
- 3 mittelgroße vorwiegend festkochende Kartoffeln
- ½ Knolle Sellerie
- 1 Stange Lauch
- 1 Zwiebel
- 1 TL Öl
- 1 Handvoll Liebstöckel
- 400 ml Gemüsebrühe (siehe Seite 22)
- Salz
- schwarzer Pfeffer aus der Mühle
- 1 EL Frischkäse

Zusatzinfo: Liebstöckel, auch „Maggikraut" genannt, hat einen sehr würzigen Geschmack und eignet sich besonders gut für deftige Gerichte (Suppen, Salate, Fleischgerichte etc.). Liebstöckel wächst im Frühjahr und kann im April geerntet werden. Verwendet werden sowohl die Blätter als auch die jungen Triebe. Silke hat immer etwas davon im Kräutergarten und freut sich immer schon auf den April. Sie verwendet Liebstöckel sehr gern für Suppen und auch bei Salaten. Sie liebt diesen Geschmack, da sie ihn von früher kennt – damals noch durch das Würzmittel Maggi. Das ist natürlich schon lang aus unseren Schränken verbannt, aber der „Bruder" aus dem Kräutergarten ist immer gern gesehen in unserer Küche.

TAG 21

MAHLZEIT 1

SILKES VEGETARISCHE BROTZEIT

ZUTATEN

- 200 g Kirschtomaten
- ½ feste, aber reife Avocado
- ½ Mozzarella
- 2 kleine Scheiben Vollkornbrot
- Salz
- schwarzer Pfeffer aus der Mühle

MIT THERMOMIX®

Die Tomaten waschen und in Scheiben schneiden. Den Mozzarella ebenfalls in Scheiben schneiden.
Mit einem Löffel das Fruchtfleisch der Avocado auslösen. Avocado mit Tomaten in den Mixtopf geben und 3 Sek. / Stufe 3 (Messbecher!) zerkleinern. Masse auf die Brote streichen und mit Mozzarellascheiben belegen. Nach Belieben salzen und pfeffern.

OHNE THERMOMIX®

Die Tomaten waschen und in Scheiben schneiden. Den Mozzarella ebenfalls in Scheiben schneiden.
Mit einem Löffel das Fruchtfleisch der Avocado auslösen und in feine Scheiben schneiden. Avocadoscheiben auf die Brotscheiben legen, nach Belieben salzen und pfeffern. Mozzarella auf die eine Scheibe und Tomaten auf die zweite Brotscheibe legen. Noch mal mit Salz und Pfeffer bestreuen und servieren.

Tipp: Die zweite, hier nicht verarbeitete Hälfte der Avocado hält sich länger, wenn der Kern in ihr verbleibt. Denn Avocados verlieren ohne ihn schneller ihre Farbe und werden braun. Am besten lässt er sich herauslösen, wenn man die Klinge eines scharfen Messers wie ein Fallbeil in ihn hineinsausen lässt. Das Messer steckt dann fest und durch die Hebelwirkung (Messer leicht zur Seite drehen) lässt sich der Kern problemlos herauslösen.

TAG 21

VEGETARISCHE KOHLSUPPE

MAHLZEIT 2

ZUTATEN

Für den marinierten Tofu

- 100 g Tofu
- 1 Knoblauchzehe
- 1 Spritzer Tabasco
- 1 EL Sojasauce
- ½ TL Öl

Für die Kohlsuppe

- 2 Zwiebeln
- 2 Möhren
- 1 kleine vorwiegend festkochende Kartoffel
- ½ Knolle Sellerie
- ½ kleiner Kopf Wirsing
- 1 Handvoll grüne Bohnen
- 1 Stange Lauch (nur das Weiße)
- ½ TL Öl
- 500 ml Gemüsebrühe (siehe Seite 22)
- Salz
- schwarzer Pfeffer aus der Mühle

MIT THERMOMIX®

Den Tofu in kleine Würfel schneiden und in eine Schüssel geben.
Für die Marinade Knoblauch in den Mixtopf geben und 3 Sek. / Stufe 8 zerkleinern, mit dem Spatel nach unten schieben. Tabasco, Sojasauce und Öl dazugeben und 10 Sek. / Stufe 2 vermischen. Marinade über Tofuwürfel gießen. Gut vermischen und ca. 1 Stunde ziehen lassen.
Die Zwiebeln sowie das Gemüse waschen oder schälen bzw. putzen, alles in grobe Stücke schneiden. Vom Lauch nur das Weiße in dünne Ringe schneiden.
Für die Kohlsuppe Möhren-, Kartoffel- sowie Selleriestücke in den Mixtopf geben und alles 2 Sek. / Stufe 5 zerkleinern. In eine Schüssel umfüllen. Dann Wirsing in den Mixtopf geben und 2 Sek. / Stufe 5 zerkleinern. Wirsing zur Möhren-Kartoffel-Sellerie-Mischung geben. Zwiebeln in den Mixtopf geben und 6 Sek. / Stufe 5 zerkleinern, mit dem Spatel nach unten schieben. Öl dazugeben und ohne Messbecher 5 Min. / 120 °C / Stufe 1 dünsten.
Zerkleinertes Gemüse dazugeben und ohne Messbecher 5 Min. / 120 °C / Stufe 2 linksdrehend dünsten. Gemüsebrühe dazugeben und alles 30 Min. / 100 °C / Stufe 1 linksdrehend garen. Tofu mit Marinade dazugeben und alles gemeinsam 3 ½ Min. / 100 °C / Stufe 1 linksdrehend erwärmen. Mit Salz und Pfeffer abschmecken, dann servieren.

OHNE THERMOMIX®

Den Tofu in kleine Würfel schneiden und in eine Schüssel geben. Für die Marinade Knoblauch pürieren oder im Mörser fein zerdrücken. Tabasco, Sojasauce und Öl dazugeben, nochmals pürieren oder zerdrücken. Marinade über Tofuwürfel gießen. Gut vermischen und ca. 1 Stunde ziehen lassen. Die Zwiebeln sowie das Gemüse waschen oder schälen bzw. putzen, alles in kleine Stücke schneiden. Vom Lauch nur das Weiße in dünne Ringe schneiden. In einem Topf Öl erhitzen und darin die Zwiebeln andünsten. Gemüse und Gemüsebrühe dazugeben, alles gemeinsam ca. 30 Min. köcheln lassen. Dann Tofu mit Marinade dazugeben und 2–3 Min. gemeinsam erwärmen.
Mit Salz und Pfeffer abschmecken, dann servieren.

TAG 21

MAHLZEIT 3

ROHKOSTSALAT MIT KÄSE

ZUTATEN

- 2 Zucchini
- 2 Möhren
- je 1 Handvoll Basilikum und Petersilie
- Salz
- schwarzer Pfeffer aus der Mühle
- 40 g Hartkäse (z. B. Emmentaler)
- 5 Walnusskerne
- 1 TL Öl
- 1 EL Balsamico-Essig
- 1 TL Granatapfelsirup
- 1 TL Agavendicksaft

MIT THERMOMIX®

Die Zucchini und die Möhren waschen bzw. schälen, dann in grobe Stücke schneiden, dabei einige Scheiben Zucchini und einige Möhrenstifte für die Dekoration beiseitelegen. Die Kräuter waschen und trocken schütteln, die Blätter abzupfen. Jeweils einige Blätter für die Dekoration beiseitelegen.
Alle Zutaten in den Mixtopf geben und 6 Sek. / Stufe 5 (Messbecher!) zerkleinern. Bei Bedarf nochmals salzen und pfeffern.
Auf einen Teller geben, mit den Zucchinischeiben, Möhrenstiften und Kräutern garnieren und servieren.

OHNE THERMOMIX®

Die Zucchini und die Möhren waschen bzw. schälen, dann in grobe Stücke schneiden, dabei einige Scheiben Zucchini und einige Möhrenstifte für die Dekoration beiseitelegen. Die Kräuter waschen und trocken schütteln, die Blätter abzupfen. Jeweils einige Blätter für die Dekoration beiseitelegen.
Gemüse und Kräuter ganz fein schneiden und in eine Schüssel geben. Gemeinsam mit restlichen Zutaten gründlich vermischen. Bei Bedarf nochmals salzen und pfeffern.
Auf einen Teller geben, mit den Zucchinischeiben, Möhrenstiften und Kräutern garnieren und servieren.

REZEPTREGISTER

JETZT BESTELLEN!

ISBN 978-3-86883-760-5

ISBN 978-3-7423-0108-6

ISBN 978-3-7423-0407-0

ISBN 978-3-7423-0422-3

DIE ERSTEN BEIDEN BÜCHER UND DIE DVDS ZUM BIKINI-BOOTCAMP!

Sie möchten gerne Ihre Kleidung eine Nummer kleiner tragen und sind bereit, sich drei Wochen lang ganz diesem Ziel zu verschreiben? Dann ist das Bikini-Bootcamp genau das Richtige für Sie.
Nur 21 Tage trennen Sie von Ihrer Wunschgröße, und auch wenn Sie sich in dieser Zeit an ein striktes Trainings- und Ernährungsprogramm halten müssen, sind Spaß und Genuss nicht passé!

Silke Kayadelen, die als Abnehmcoach an fünf Staffeln des TV-Erfolgsformats ***The Biggest Loser*** teilnahm, und der Mediziner Heiner Romberg beweisen mit ihren Büchern und DVDs, dass man mit der richtigen Anleitung ganz leicht und schnell in Form kommen kann. Wer sich an die Vorgaben des Bikini-Bootcamps hält, wird maximalen Gewichtsverlust und eine deutlich verbesserte Körperzusammensetzung erzielen. Geben Sie drei Wochen lang Vollgas und Sie werden dafür mit tollen Resultaten belohnt!

BILDNACHWEIS

Fotografien:
S. 11, 14–15: © Silvio de Negri
S. 15: © riva Verlag
S. 21: © shutterstock/Looker_Studio
S. 23: © iStock/minadezhda
S. 25, 31, 35, 39, 155: © Silke Kayadelen
S. 26: © Fotolia/Printemps
S. 27: © iStock/GMVozd
S. 28, 45, 55, 59, 61, 65, 73, 79, 81, 83, 85, 87, 89, 91, 95, 97, 99, 100, 101, 107, 113, 125, 127, 129, 131, 141, 147, 149, 153: © Silke Wagner
S. 33: © shutterstock/Africa Studio
S. 37: © shutterstock/MalinkaGalina
S. 41: © shutterstock/Nataliya Arzamasova
S. 43: © shutterstock/ Maxim Khytra
S. 47: © shutterstock/vkuslandia
S.49: © shutterstock/Ekaterina Kondratova
S. 51: © shutterstock/Tatiana Vorona
S. 53: © iStock/ KarpenkovDenis
S. 57: © shutterstock/Christian-Fischer
S. 63: © shutterstock/Wiktory
S. 67: © shutterstock/Nannycz
S. 69: © shutterstock/MaraZe
S. 71: © iStock/LauriPatterson
S. 75: © shutterstock/Victor Moussa
S. 77: © iStock/miha_peterlic
S. 93: © iStock/Yulia_Davidovich
S. 103: © shutterstock/kitty
S. 105: © shutterstock/Ruslan Mitin
S. 107: © Silke Wagner
S. 109: © iStock/Mizina
S. 111: © shutterstock/Lesya Dolyuk
S. 115: © iStock/iko636
S. 117: © iStock/baibaz
S. 119: © iStock/8vFanI
S. 121: © iStock/Suzifoo
S. 122: © shutterstock/Glevalex
S. 123: © shutterstock/Fanfo
S. 133: © iStock/MorePixels
S. 134: © iStock/VeselovaElena
S. 135: © iStock/NSphotostudio
S. 137: © iStock/mkitina4
S. 139: © iStock/Mizina
S. 143: © shutterstock/saschanti17
S. 145: © shutterstock/DronG
S. 151: © shutterstock/Xan

Illustrationen:
© danielabarreto – Fotolia.com